Olga Gerashchenko

Good Future Leadership
als neuer Führungsstil

Führen nach dem Sinn des Unternehmens in Purpose Driven Organisations

I

Bibliografische Information der Deutschen Nationalbibliothek:

Die Deutsche Nationalbibliothek verzeichnet diese Publikation in der Deutschen Nationalbibliografie; detaillierte bibliografische Daten sind im Internet über http://dnb.d-nb.de abrufbar.

Impressum:

Copyright © EconoBooks 2020

Ein Imprint der GRIN Publishing GmbH, München

Druck und Bindung: Books on Demand GmbH, Norderstedt, Germany

Covergestaltung: GRIN Publishing GmbH

Inhaltsverzeichnis

Abbildungs- und Tabellenverzeichnis

Abkürzungsverzeichnis

CSR   Corporate Social Responsibilitty

1 Einleitung

Unsere Arbeitswelt befindet sich heute in einem stetigen Wandel. Beispiele wie neue Formen der Zusammenarbeit oder der Einfluss der sogenannten VUCA-Welt (Volatility, Uncertainty, Complexity, Ambiguity: bedeutet, dass die Welt volatil, unsicher, komplex und ambique ist)[1] durchbrechen alte Strukturen und bringen Unternehmen auf neue Pfade der Entwicklung. Sowohl die Arbeit der Zukunft als auch Mega-Trends wie „Digitalisierung", „Demografischer Wandel" und „Individualisierung" werden die Arbeitswelt an sich, aber auch Arbeitnehmer (im Sinne einer besseren Lesbarkeit wird in dieser Arbeit auf Gendering verzichtet) in all ihren Bereichen (persönlich, sozial, beruflich) beeinflussen. Die Arbeit wird schon heute in zunehmendem Maß von digitalen Informationen und einem technischen Arbeitsumfeld geprägt. Die darin enthaltenen Berufsbilder, Arbeitsaufgaben und Tätigkeitsprofile wandeln sich stetig.

Darüber hinaus findet ein Werte-Wandel statt. Der Arbeitnehmer der Zukunft orientiert sich mehr an Werten wie Sinn, Achtung, Respekt und Wertschätzung als dies bisher der Fall war. Außerdem gewinnt für den Endverbraucher der Begriff „Corporate Social Responsibility" (CSR) immer mehr Aufmerksamkeit. Kunden legen vermehrt Wert darauf, dass Unternehmen nicht mehr nur an den finanziellen Erfolg denken, sondern auch auf dessen Auswirkung auf Umwelt und Menschen (Kunden, Angestellte, Kommunen) achten.[2] Auch für die neue „Millenials Generation" (Geburtenjahrgänge zwischen 1980 und 2000) sei es nach Fink wichtig: „……, dass ein Unternehmen die Gesellschaft verbessert, als dass es kurzfristig hohe Gewinne erwirtschaftet."[3]

Was bedeuten diese Veränderungen daher für Unternehmen? Die Unternehmen suchen neue Wege, um mehr Innovationskraft zu entwickeln, damit Kunden zu gewinnen und Mitarbeiter möglichst motiviert zu halten. Zudem bringen diese Veränderungen viele neue Management Moden und Methoden mit sich: man spricht von Agilität, Resilienz, New-Work und Purpose. Das aktuellste Schlagwort „Purpose Driven Organisations" (bedeutet sinngemäß die Suche der Unternehmen nach dem Sinn) ist der Anstoß für das Thema dieser Masterarbeit.

---

[1] Vgl. Heller, 2018, S.V

[2] Vgl. Leipprand, Prof. Allmendinger, Ph.D., Dr. Baum, & Dr. Ritter, 2012, S. 16-17

[3] Vgl. Dörner & Schäfer, 2019 abgerufen am 03.09.2019

Im Jahr 2009 spricht Simon Sinek in einem TED-Talk über „Start with Why"[4], der zum Zeitpunkt des Verfassens dieser Arbeit auf YouTube 5.827.221 Aufrufe hat. Im gleichen Jahr erscheint ebenfalls sein Buch mit dem deutschen Titel „Frage immer erst Warum"[5], in dem er seinen Ideen vorstellt, dass Unternehmen erst nach einem WHY (warum) suchen sollten, um erfolgreich und innovativ zu sein. Er beschreibt dies mit folgendem Satz: „People don't buy what you do, they buy WHY you do it and what you do is a proof of your believe". Die in seinem Buch genannten Beispiele sind unter anderem Unternehmen wie Apple, mit seinem Gründer Steve Jobs. Steve Jobs wollte den Menschen neue Lösungen für Bedürfnisse anbieten, die damals noch keiner kannte. Heute sind diese Lösungen zu Statussymbolen herangewachsten. Auch das Kaffeehaus Starbucks mit seiner Idee nicht einfach nur Kaffee zu verkaufen, sondern einen „dritten Platz zwischen dem Haus und der Arbeit zu schaffen" ist in Sinek 's Buch aufgeführt.

Im März 2018 schrieb Larry Fink, Chef und Mitgründer der Fondgesellschaft Black Rock, einen Brief an 500 CEO's US-amerikanischer Unternehmen, die an der größten Börse der Welt gelistet sind. Darin appellierte er mit den folgenden Worten an alle Manager nach dem Sinn (Purpose) für ihr Unternehmen zu suchen: „Ohne ein Gefühl für die Bedeutung des eigenen Tuns kann kein Unternehmen sein volles Potenzial ausschöpfen". Boston Consulting Group gründet daraufhin eine Beratungsfirma, die Firmen auf der Sinnsuche unterstützt.[6]

Aktuelle Studien belegen, dass sinnorientierte Unternehmen profitabler[7,8,9] und innovativer[10] sind, deren Mitarbeiter höhere Motivation und Engagement aufweisen.[11]

Die Suche nach dem Unternehmenssinn scheint eine wichtige Bewegung geworden zu sein. Angesichts der Tatsache, dass die Menschheit vor sehr großen Herausforderungen steht, die nur gemeinsam zu bewältigen sind, ist es für Unternehmen lohnenswert sich mit neuen Gedanken zu beschäftigen. Diese neuen Gedanken sollten einen

---

[4] Vgl. Weblink zu dem Video: https://www.youtube.com/watch?v=u4ZoJKF_VuA, abgerufen am 03.09.2019

[5] Vgl. Sinek, 2018

[6] Vgl. Lipkowski , 2019, S.20

[7] Vgl. Canwell & Tony, 2018

[8] Vgl. Harvard Business Review, 2019

[9] Vgl. Korn Ferry Institute, 2016

[10] Vgl. Harvard Business Review, 2019

[11] Vgl. Canwell & Tony, 2018

anderen Zweck verfolgen, als einfache Gewinnmaximierung. So sagt Weckmüller: „Sinnvolle Arbeit fördert die Zufriedenheit der Beschäftigten und wirkt auf personalwirtschaftliche Zielgrößen. In diesem Sinne steht der aktuelle Trend *Purpose* in einer langen Tradition nicht nur der empirischen Personalforschung, sondern auch der New-Work-Bewegung und ist keineswegs eine reine Managementmode" (Weckmüller, 2019)

1.1 Fragestellung

Die Autorin dieser Masterarbeit ist selbst Führungskraft in einem Unternehmen, welches vor einem Jahr den Sinn (Purpose) ausgearbeitet hat. Dabei ist sie zur Erkenntnis gekommen, dass es nicht sehr einfach ist, ohne passendes Verständnis bei allen Mitarbeitern, die Werkezuge dieses Sinnes in den Arbeitsalltag zu implementieren. Darüber ist es ebenfalls schwierig eine gelebte Kultur in einem Team, aber auch im gesamten Unternehmen zu entwickeln. Außerdem können der Sinn und die Werte im Unternehmen sowohl motivieren als auch bis zur innerlichen Kündigung führen, wenn diese nicht authentisch gelebt werden.

Die Suche nach dem Sinn für ein wirtschaftlich agierendes Unternehmen erzeugt daher einerseits viele motivierende Kräfte, vor allem bei den Mitarbeitern, andererseits steigen parallel auch die Erwartungen der daran Mitarbeitenden an das Unternehmen selbst. Da der Sinn nicht nur vorgegebenen werden kann, sollte er viel mehr als innere Richtschnur oder Kompass von Mitarbeitenden verstanden und gelebt werden.

Eine Sinnsuche in Unternehmen ist nur zielführend und wirtschaftlich erfolgreich, wenn die Führungskräfte diesen Sinn des Unternehmens in ihrer täglichen Führungsrolle leben und konsequent danach handeln. So zeigen beispielsweise neueste Studien, dass der Sinn nur einen positiven Einfluss auf den finanziellen Erfolg des Unternehmens haben kann, wenn es dem Management gelingt, diesen klar zu formulieren und zu kommunizieren.[12]

Hieraus ergeben sich unterschiedliche Fragestellungen: was bedeutet diese Entwicklung konkret für den Führungsalltag? Welche Rolle muss die Führungskraft in der Sinnorientierung für sich und vor allem für ihre Mitarbeiter übernehmen bzw. ausfüllen?

---

[12] Vgl. Gartenberg, Prat, & Serafeim, 2018

In dieser Arbeit möchte die Autorin untersuchen, welche Kompetenzen eine Führungskraft haben muss, um ihre Mitarbeiter nach dem Sinn eines Unternehmens führen zu können.

Dafür untersucht sie die Rolle der Führungskraft in den Prozessen des Kulturwandels,
was Purpose/Sinn im unternehmerischen und persönlichen Kontext bedeutet und
welche Faktoren für eine Führungskraft zu berücksichtigen sind, wenn sie Mitarbeiter
nach dem Sinn eines Unternehmens führen soll. Um dies entsprechend zu untermau-
ern, wird sie einerseits intensive Literaturrecherche betreiben und andererseits ein
eigenes Konzept entwickeln, welches sie „Good-Future-Leadership (GFL)®" nennen
wird, dass als Handlungsempfehlung für Führungskräfte bzw. die Führungsrolle
selbst angewendet und verstanden werden kann.

1.2 Aufbau der Arbeit

Zuerst werden die Bedeutungen der Begriffe „Purpose Driven Organisations", „Purpose" sowie seine sinngemäße Übersetzung ins Deutsche – auch „Sinn" genannt - erläutert (Kapitel 2). Da die Bedeutung des Sinns unterschiedlichste Aspekte hat (psy-
chologischer, philosophischer sowie unternehmerischer Hintergrund) wird in der Er-
läuterung zur Vereinfachung nur kurz auf einzelne Forscher eingegangen, die sich ein-
dringlich mit dem Begriff Sinn beschäftigt haben. Ebenfalls wird analysiert, welche
Bedeutung der Sinn in der Arbeitswelt und für Unternehmen selbst hat (Kapitel 2.3.).

Die Autorin fokussiert sich in ihrer Arbeit speziell auf die Rolle der Führungskraft,
welche im Unternehmen die nachhaltige Implementierung des Sinnes unterstützen
muss. Da dieser Prozess in der Regel die Unternehmenskultur verändert, wird sie in
Kapitel 3 darlegen, welche Rolle die Führungskraft im Kulturwandel spielt und welche
Einflussfaktoren die Kultur des Unternehmens und der Kulturwandel selbst dabei haben.

Im Kapitel 4 wird die neue Rolle der Führungskraft in Purpose Driven Organisations
noch detaillierter betrachtet. Dabei werden unterschiedlichste Fragestellungen be-
leuchtet wie beispielsweise die Bedeutung der sinnorientierten Führung, in welchen
anderen Führungskontexten die Sinn-Führung als Aufgabe der Führungskraft genannt wird, wie diese Rolle genau ausgestaltet sein muss und was eine Führungskraft
tun kann, um Mitarbeiter nach dem Sinn eines Unternehmens zu führen.

Im Kapitel 5 stellt sie ihr neu erschaffenes Model „Good-Future-Leadership (GFL)®"
vor und erläutert, wie ein übergreifendes Verständnis der Führungsrolle in diesem
Prozess zu definieren ist.

Aufbauend auf das Model-Verständnis der Verbindung von Unternehmen und Sinn, die auf dem TOP-Organisationsmodell von Prof. Nowak und den True North Erklärungen von Murray basieren (Kapitel 5.1.), erklärt sie, welche Bereiche einer Organisation vom neu gefundenen Unternehmens-Sinn beeinflusst werden und wie eine Führungskraft den Mitarbeiter mit dem Sinn des Unternehmens verbinden kann (Kapitel 5.3.).

Die daraus erwachsenden und aufgeführten Kompetenzen einer Führungskraft basieren grundlegend auf Literaturrecherche im Wesentlichen jedoch auf den Erfahrungen der Autorin in ihrem Berufsleben als Führungskraft. Ausgeführt werden diese Kompetenzen in Kapitel 6. Zum besseren Verständnis und Praxistransfer führt sie zudem Methoden und Übungen an (Anhang 1 und 2). Diese entspringen aus ihrer Aufgabe als Teil des „Purpose Teams" in ihrem Unternehmen.

2 Purpose/Sinn und seine Bedeutung

In diesem Kapitel wird zuerst auf die allgemeine Definition des Purpose eingegangen und wie dieser heute in der Arbeitswelt verstanden wird. Danach fällt die Betrachtung kurz auf die Bedeutung des Persönlichen Sinns im Kontext der Arbeit und ausgeübten Tätigkeiten und abschließend auf den Begriff Purpose in Sinne des Unternehmens.

2.1 Purpose Driven Organisation: Definition

In der Regel werden damit Organisationen beschrieben, die nach einen Purpose (gemeinsamen Sinn oder Zweck) suchen und deren Handeln danach ausrichten. So schreibt Fink: *„Es sind Organisationen, deren Herz und Motor ein „higher Purpose"- ein höherer Sinn sind. Eine Energie- und Orientierungsstiftende Überzeugung und Motivation, einen Beitrag zu etwas zu leisten, das über den eigenen Vorteil und Nutzen weit hinausgeht".* (Fink & Moeller, 2018). Somit liegt der Sinn oder Zweck von Purpose Driven Organisations außerhalb der reinen Profitorientierung und bietet den Mitarbeitern zusätzlich Möglichkeiten, ihren eigenen Purpose (Sinn) im Arbeitsalltag zu (er-)leben.[13] Wie in Kapitel 2.4 beschrieben, gilt diese Beschreibung nicht immer, da in Unternehmen das Verständnis des Sinns unterschiedlich interpretiert werden kann.

Da in der deutschen Literatur keine analogen bzw. aussagefähigen Beschreibungen gefunden werden konnten, wird die Autorin in ihrer Arbeit Unternehmen, die einen Sinn in ihrer Arbeit gefunden haben, Purpose Driven Organisations nennen.

2.2 Begriffe Purpose und Sinn: Abgrenzung / Definition

In der Regel wird Purpose entweder als Zweck oder Sinn in die deutsche Sprache übersetzt. In Bezug auf die Persönlichkeit wird Purpose auch als Daseinszweck, Berufung und Bestimmung verstanden. Nach Ryff (1989) zum Beispiel bedeutet Purpose im Leben zu haben, ein Ziel oder eine bestimmte Richtung zu verfolgen (Ryff zitiert von (Martela & Steger, 2016)). Martela und Steger beziehen sich in gleichen Studien auf Mcknight and Kashdan, die den Purpose als einen „zentralen, selbstorganisierten Lebenssinn verstehen, die Ziele anregen, Verhalten regeln und dem Sinn eine Bedeutung geben".

---

13 Vgl. Rey, Bastons, & Sotok, 2019, S. 4-9

Aus der Analyse des MeinungsMonitor zum Thema „Was macht Sinn?" zeigt sich, dass das allgemeine Verständnis, wofür der Begriff „Purpose" auf Deutsch steht, nicht deutlich ist (Abbildung 1).

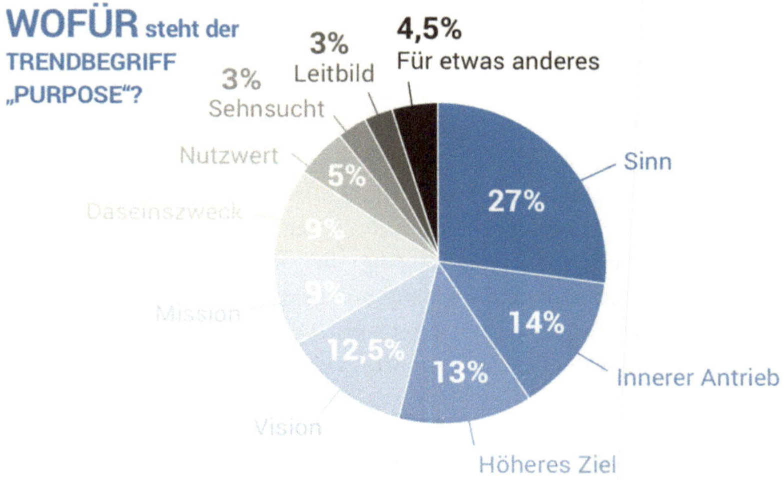

Abbildung 1: Wofür steht der Trendbegriff "Purpose"
(Lipkowski , 2019)

Da in der deutschen Literatur unterschiedlichste Übersetzungen für Purpose existieren, wird in dieser Arbeit der Begriff „Purpose" mit „Sinn" tituliert werden, was laut dieser Umfrage am häufigsten auch so verstanden wird.

In der Literatur wird „Sinn" mit zwei unterschiedlichen Bedeutungen behandelt:

- Einerseits hat er eine emotionale Dimension: Sinn ist etwas, was Motivation gibt, Energie treibt und sich mit der inneren Einstellung des Menschen verbindet.

- Andererseits eine sachlich-inhaltliche Dimension: es ist das Ziel, welches den höheren Zweck des Daseins entweder eines Menschen oder eines Unternehmens beschreibt.[14]

---

[14] Vgl. Fink & Moeller, 2018, S. 23-24

2.2.1 Emotionale Dimension des Sinnes

Das Bedürfnis, Sinnvolles zu erleben und zu tun, ist bei Menschen neurobiologisch bedingt. Der Sinn oder die Kohärenz gehören zu den psychologischen Grundbedürfnissen, die einen Menschen glücklich und zufrieden machen.[15] Nach Maslov sind die Bedürfnisse nach Selbstverwirklichung essentiell für jeden Menschen, nach dem seine Grundbedürfnisse (wie essen, trinken, schlafen) befriedigt sind. Da für viele Menschen, die in industriellen Ländern tätig sind, die Grundbedürfnisse vollkommen befriedigt sind, wird zunehmend nach dem Sinn selbst gesucht. Es entsteht ein Bedürfnis etwas anderes, sinnvolles zu tun.[16] Auch im Aspekt der Arbeitswelt wird das Bedürfnis nach dem Sinn zunehmend wichtig. Die Erfahrung der Sinnhaftigkeit am Arbeitsplatz ist von Bundesministerium für Arbeit und Soziales als wichtiger Bestandteil zur Erhaltung – oder Beschädigung – der Gesundheit am Arbeitsplatz anerkannt.[17] Daraus erklärt sich, dass ein Mensch, der sowohl im privaten Umfeld als auch im Arbeitsleben keinen Sinn (mehr) in seinem Leben sieht, eine Beeinflussung seiner Gesundheit und Motivation erfahren kann. Dies kann im schlimmsten Fall zur Depression führen.[18]

Die folgenden Beispiele zur Definition des Sinnes werden nur oberflächlich und kurz dargestellt, um einen Überblick zu erhalten.

a) Das Sinnverständnis nach dem Kohärenzgefühl von Antonovsky:

Das Kohärenzgefühl nach Antonovsky ist die Bezeichnung einer grundlegenden Lebensorientierung, die aus drei Komponenten besteht:

a) Verstehbarkeit

b) Bewältigbarkeit

c) Sinnhaftigkeit

Das Gefühl von Verstehbarkeit beschreibt die Erwartung, dass die Anforderungen des Lebens strukturiert und vorhersehbar sind. Das Gefühl von Bewältigbarkeit beschreibt die Überzeugung, dass der Mensch genügend Ressourcen zu Verfügung hat, um diesen Anforderungen zu begegnen. Sinnhaftigkeit beschreibt das Gefühl, dass die

---

[15] Vgl. Mourlane, 2015, S. 30

[16] Vgl. Butzman, 2019, abgerufen am 03.09.2019

[17] Vgl. Nauer, 2013, S. 50

[18] Vgl. Isaksen, 2000

meisten Anforderungen sinnvoll sind und ausreichend Motivation und Energie existiert, um in ihre Bewältigung zu investieren.[19]

b) Der Mensch als sinnbezogenes Wesen nach V. Frankl

Nach V. FRANKL (Gründer der Logotherapie) kann einem Menschen kein Sinn gegeben werden, sondern der Mensch selbst muss Verantwortung für den Sinn des eigenen Lebens übernehmen. So muss der Sinn in der Arbeit gefunden werden, oder der Mensch muss der Bedeutung der Arbeit Sinn geben.[20]

In der heutigen Zeit der Automatisierung erlangt der Mensch mehr Freizeit, die ihn gleichzeitig in einen Zustand der Langeweile versetzt. Auch der demographische Wandel sowie die Überalterung der Bevölkerung drängt mehr Menschen in ein leeres Vakuum, nachdem die berufliche Laufbahn beendet ist.[21] Dieses Vakuum führt zu unterschiedlichen Auswirkungen für das Individuum: Konsumismus, erhöhte Betriebsamkeit und der übertriebene Drang nach neuen Dingen. Darüber hinaus findet sich darunter die Managerkrankheit, der Sucht nach Macht und Geld, wenn der „Willen zum Geld den Willen zum Sinn verdrängt!"[22]

Frankl hat ebenfalls aufgezeichnet, wie wichtig das „dienen" für die Sinnerfüllung ist. Da wir als Menschen jedoch in einem Zusammenspiel der Welt und unserem Umfeld leben, können wir nicht unseren eigenen Sinn von der Sinnhaftigkeit unseres Handelns (was sich sehr oft in unserem beruflichen Kontext zum Ausdruck bringt) trennen. Nach Frankl erfüllen und verwirklichen wir uns selbst, wenn wir uns mit den Aufgaben der Umwelt und dem Leben beschäftigen anstatt nur mit unseren eigenen Bedürfnissen.[23] So leben wir nach unserem Sinn, wenn wir zum Beispiel

- unserem Leben einen Sinn geben bzw. etwas, wofür es sich lohnt zu leben;
- eine berufliche Tätigkeit ausüben, die wir als sinnvoll empfinden und uns bewusst machen, dass wir Teil von etwas Größerem sind;
- akzeptieren, dass Menschen und unsere Welt nicht perfekt sind;

---

[19] Vgl. Begel & Lyssenko, 2012, S.65f
[20] Vgl. Rose, 2019, S. 235
[21] Vgl. E.Frankl, 2017, S. 295-298
[22] Vgl. E.Frankl, 2017, S. 296-297
[23] Vgl. E.Frankl, 2017, S. 280

- akzeptieren, dass es auch Situationen des Ungleichgewichts geben kann, die nicht sofort gelöst werden können, und dass das Leben auch aus „schweren Momenten" besteht.[24]

c) DANIEL PINK: Sinnerfüllung als einer der Faktoren von erfüllender Arbeit und intrinsischer Motivation

DANIEL H. PINK nennt in seinem Buch „Drive: Was Sie wirklich motiviert" drei Faktoren für intrinsische Motivation und erfüllender Arbeit: Selbstbestimmung, Perfektionierung und Sinnerfüllung. Glück und Zufriedenheit entstehen keinesfalls dadurch, dass wir etwas Unangenehmes schnell erledigen möchten, so wie uns das Prinzip „Augen zu und durch" nicht bereichern kann. Damit wir zufrieden unserer Arbeit nachgehen können, sollten wir uns „auf etwas hinzu" bewegen. Dieses etwas sollte ein persönliches Ziel sein, was angestrebt und gewollt wird. Ein Ziel, das wertvoll und erreichbar ist, wird zu mehr Freude und Motivation führen.[25]

d) Theorie des menschlichen Wohlbefindens

Ergänzt wird dies mit den Forschungen der positiven Psychologie, die den Sinn als eine wesentliche Komponente des menschlichen Wohlbefindens mit einer PERMA-Theorie beschreibt. Dabei ist P - Positives Gefühl, E - Engagement, R - positive Beziehungen (relationship), M - Sinn (meaningfulness) und A - Zielerreichung (achievement). Der Sinn erfüllt nach SELIGMANN drei Kriterien:

- er trägt zum Wohlbefinden bei;

- man geht dem Sinn nach um des Sinnes Willen selbst und nicht um glücklicher zu sein oder erfüllter zu leben;

- der Sinn ist nicht von anderen Elementen der PERMA, wie Beziehung und Zielerreichung, abhängig.[26]

2.2.2 Sachlich - inhaltliche Dimension des Sinnes

Hier dient der Sinn als Orientierungshilfe, etwas worauf Menschen oder Unternehmen ihre Haltung und Entscheidungen ausrichten und dies als sogenannten „Nord Stern" einnehmen. Diese Dimension wird in der Systemtheorie durch NIKLAS LUHMANN beschreiben. In dieser Systemtheorie hat der Sinn eine allgemeinere Bedeutung als

---

[24] Vgl. Mourlane, 2015, S. 130
[25] Vgl. Buchacher, Kölblinger, Roth, & Wimmer, 2015, S. 12-16
[26] Vgl. Seligman, 2011, S. 34-35

Möglichkeit zur Unterscheidung des Möglichen vom Gegebenen.[27] Der Sinn hilft im komplexen Kontext psychischen (Bewusstsein) und sozialen Systeme (Organisationen, Familien etc.) eine Orientierung aus unterschiedlichen Möglichkeiten zu finden.

So gibt DAVE ULRICH ein Beispiel von Steinmaurern die eine Kathedrale bauen: wenn drei Menschen gefragt werden, wie sie dies machen, antwortet der Erste: „Ich lege die Steine"; der Zweite: „ich baue eine Wand"; der Dritte: „ich baue eine wunderschöne Kathedrale für Gott". Der Dritte hat eine Sinnhaftigkeit in seiner Arbeit gefunden und gibt seiner Arbeit einen höheren Sinn.[28] Schlussfolgernd ist festzustellen, der dritte Steinmaurer hat sowohl einen sehr emotionalen Sinn für sich gefunden als auch eine sachlich-inhaltliche Dimension, an der er seine Arbeit ausrichtet.

2.2.3 Sinnvolle und Sinnstiftende Arbeit

Einige Autoren beschreiben den Sinn in der Arbeit mit Begriffen wie: „Meaningfulness in work" (Sinnvolle Arbeit) und „Meaningfulness at work" (Sinnstiftende Arbeit).[29]

Prof. Dr. Tatjana Schnell beschreibt diese zwei Bedeutungen[30]:

Sinnvolle Arbeit erfühlt nach ihrer Theorie vier zentrale Kriterien:

1) Bedeutsamkeit: Den Mitarbeitenden ist die Bedeutsamkeit der Arbeit klar.
2) Zugehörigkeit: Der Mitarbeiter kann die Zugehörigkeit erfahren.
3) Passung bzgl. Fähigkeiten, Interessen und Werten.
4) Identifikation mit der unternehmerischen Orientierung: Mitarbeiter können hinter den Zielen des Unternehmens stehen.

Sinnstiftende Arbeit hingegen wird dann erlebt, wenn Arbeit "zusätzlich die Möglichkeit bietet, persönliche Werte zu verwirklichen, wie z.B. soziales Engagement, Naturverbundenheit, Macht, Gemeinschaft oder Moral" (Prof. Dr. Tatjana Schnell (Rose, 2019)). Der Aspekt, wann ein Unternehmen eine sinnstiftende Arbeit bieten kann, wird mit der aktuellen Bewegung der Unternehmenssuche nach dem Sinn erklärt. Was der Sinn des Unternehmens bedeutet, wird im Weiteren erläutert.

---

[27] Vgl. Fink & Moeller, 2018, S. 24
[28] Vgl. Duncan, 2019, abgerufen am 03.09.2019
[29] Vgl. Gartenberg, Prat, & Serafeim, 2018
[30] Vgl. Rose, 2019, S. 259-262

2.3 Sinn des Unternehmens

Wie kann das Wort „Sinn" im unternehmerischen Kontext verstanden werden? Ist es die Antwort auf Fragen wie beispielsweise warum ein Unternehmen existiert und tut, was es tut? Oder welche Bedürfnisse es für andere erfüllt? Und was macht dieses Unternehmen anders als nur profitabel zu sein?

SIMON SINEK erklärt in seinem Buch „Frage immer erst nach warum", dass der Sinn des Unternehmens als eine Antwort auf die Frage nach dem WHY oder WARUM zu sehen ist. Ferner beantwortet es die Frage, was ein Unternehmen in die Welt bringt und für welchen Zweck ein Unternehmen, das tut, was es tut.[31]

CRAIG UND SNOOK beschreiben Sinn als: *„is the statement of a company's moral response to its broadly defined responsibilities, not an amoral plan for exploiting commercial opportunity."* (Craig & A. Snook, 2014) (Sinngemäß übersetzt: Es ist die moralische Verpflichtung eines Unternehmen nicht nur dem kommerziellen Erfolg und dessen Vorteilen nachzugehen". GARTENBERG ET AL. haben den Sinn *„[...] as a set of beliefs about the meaning of a firm's work beyond quantitative measures of financial performance"* (Gartenberg, Prat, & Serafeim, 2018) (Sinngemäße Übersetzung: [...] als eine Reihe von Überzeugungen über die Bedeutung des unternehmerischen Handels, die über den finanziellen und quantitativen Messgrößen liegen) definiert."

2.3.1 Goldener Kreis nach Simon Sinek

SIMON SINEK hat in seinem Buch das Konzept des Goldenen Kreises vorgestellt, welches in den weiteren Ausarbeitungen verwendet wird. Der Goldene Kreis hilft zwischen dem Sinn und den Kompetenzen oder Aufgaben, die mit dem Sinn verbunden sind, zu unterscheiden.[32] Der Kreis besteht aus drei Schichten (Abbildung 2):

- **Das WAS** beschreibt, was genau jede Firma tut. Erkennbar ist dies an den Produkten sowie Services oder Dienstleistungen. Dies ist somit einfach zu identifizieren.

- **Das WIE** beschreibt, wie die Firmen oder Individuen das WAS tun. Hier sind Merkmale gemeint, die zu einem Ereignis führen und sich von anderen unterscheiden. Zum Beispiel: eine Idee wird durch das WIE (der Weg, Handlungen, Kompetenzen, Entscheidungen) zu einem Produkt (WAS).

---

[31]   Vgl. Sinek, 2018, S. 39-41
[32]   Vgl. Sinek, 2018, S. 39-41

- **Das WARUM** ist für den Sinek das Wichtigste, um innovativ und erfolgreich zu sein. Es beschreibt Bewegungsgrund, Glaube, Sinn, als auch Gründe warum ein Unternehmen existiert und warum es tut, was es tut.

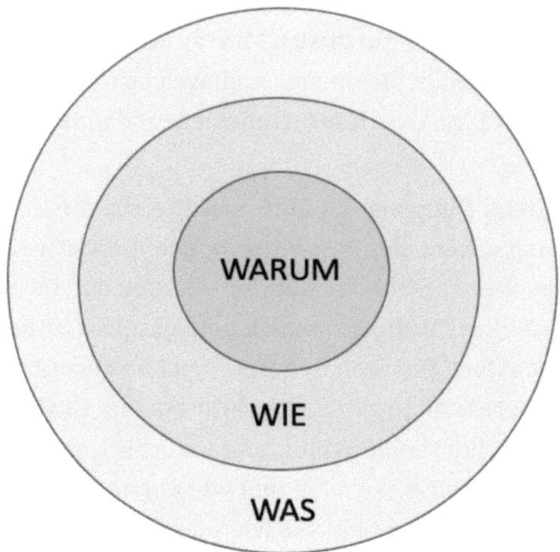

Abbildung 2: Goldene Kreis, S. Sinek
(Sinek, 2018)

Die Verfasserin hat die Erwähnung des Goldenen Kreises an dieser Stelle ihrer Arbeit als besonders sinnvoll erachtet, da er deutlich zeigt, dass es in einem Unternehmen nicht nur um den „Warum-Sinn" geht, sondern genauso um den eigentlichen Weg dorthin (WIE).

2.4 Welche Sinnorientierung für Unternehmen gibt es?

Da wie bereits beschrieben unterschiedliche Verständnisse und Interpretationen des Sinnes vorliegen, ist es interessant zu sehen, dass „Purpose Driven Organisations" ihren eigenen Sinn auch unterschiedlich deuten.

MURRAY[33] hat 150 Führungskräfte befragt, was sie als den „Purpose of the Business" betrachten. Die unterschiedlichen Antworten können im Wesentlichen in vier unterschiedlichen Kategorien zusammengefasst werden:

---

[33] Vgl. Murray, 2017,S. 124-126

1. **Gewinnorientierter Sinn (Shareholder Purpose):** die meisten Führungskräfte dieser Gruppe bezeichnen diese Kategorie zur Gewinnorientierung des Business als den Sinn des Unternehmens selbst (nach der Milton Friedman Theorie: Business ist ein Weg um den Gewinn zu maximieren).

2. **Kundenorientierter Sinn (Customer Purpose):** Murray zitiert Peter Drucker, welcher darlegt, dass die Kunden diejenigen sind, welche die Existenz des Unternehmens sichern. Der Sinn des Unternehmens liegt damit außerhalb des Business.

3. **Gesellschaftlicher Sinn (Social Purpsose):** Führungskäfte, die diese Kategorie gewählt haben, bezeichnen diesen Sinn des Unternehmens als etwas Größeres. Die Ausrichtung entspricht sowohl den Kunden als auch den Mitarbeitern, Lieferanten und lokalen Einrichtungen, folglich dem gesellschaftlichen Sinn. Daher wird oftmals auch über den Sinn in drei Bereichen gesprochen: People, Planet und Profit. "There is an increasing awareness that the purpose of a company has to be beyond shareholder value, and that this is not something that will cost your business but something that will enhance your business," (Sinngemäß übersetzt: „Es herrscht ein wachsendes Verständnis am Markt, dass der Sinn unbedingt über dem eigentlichen Unternehmenswert stehen muss, und das dies nicht zu einer Unternehmensschädigung führt, sondern letztendlich das Unternehmen voranbringt" nach Michael Beer (Harvard Business Review, 2019).

4. **Höher Sinn (higher Pupose):** Die vierte Gruppe der Führungskräfte spricht über den höheren Sinn des Business. In diesem sollten die Unternehmen daran arbeiten, die Probleme der Menschheit zu lösen (so wie beispielsweise Ärzte möchten Menschen heilen möchten, während der Sinn der Piloten das Fliegen darstellt oder der Architekten Gebäude zu erbauen).[34] Dabei versprechen diese u.a. Kundenvorteile, wie beispielsweise das Entlocken der Zufriedenheit, Schaffen von Verbindung unter miteinander, Inspirieren zur Entdeckung des Neuen, Wecken des Stolzes und Beeinflussen der Gesellschaft.[35] Dieser Sinn entspricht der von V. Frankl gegebenen Bedeutung, wonach der Sinn zu erfahren ist, indem man sich mit der Umwelt und anderen Leben beschäftigt (Kapitel 3.1.2). Das Gefühl ein Teil von etwas Größerem zu sein und

---

[34] Vgl. Murray, 2017, S. 127
[35] Vgl. Murray, 2017, S. 128

damit einen Beitrag für etwas Größeres zu leisten, kann sogar motivierender als der finanzielle Verdienst oder Status wirken.[36] Weiterhin bestätigten laut einer Umfrage des Havard Business Review 86% bis 90% der Führungskräfte, dass Unternehmen bessere Ergebnisse erzielen, wenn der Sinn außerhalb der Profitorientierung liegt.[37] Sisodia, Sheth und Wolfe stellen fest, dass der finanzielle Erfolg sinnorientierter Unternehmen mit humanistischen Werten innerhalb von 15 Jahren um das 14-fache gestiegen ist (von Sisodia, Sheth und Wolfe 2007 in (Korn Ferry Institute, 2016)).

Sinnbeschreibungen einiger Unternehmen als Beispiel:

- Daimler: „Wir bewegen die Welt zuerst"[38]

- Adidas: „Through sport, we have the power to change lives. "[39]

- Sonnentor Kräuterhandels GmbH: „Wir von Sonnentor glauben fest daran, dass in der Natur die besten Rezepte für ein schönes und langes Leben liegen. Dafür arbeiten wir. Davon leben wir. Und wir glauben, dass die biologische Landwirtschaft die einzige Alternative zu den Folgen von Monokultur und Überproduktion ist."[40]

- Bayer AG: „Science for a better life. "[41]

- Thyssen-Krupp: „Der Zweck der Arbeit soll das Gemeinwohl sein."[42]

- Weleda AG: „We dare to care, Inspired by Anthroposophy, we dare to make a difference. "[43]

---

[36] Vgl. Harvard Business Review, 2019, abgerufen am 17.09.2019

[37] Vgl. Harvard Business Review, 2019, abgerufen am 17.09.2019

[38] Vgl. Butzman, 2019, abgerufen am 03.09.2019

[39] Vgl. Fröndhoff & Scheppe, 2019, abgerufen am 17.09.2019

[40] Vgl. Ayberk, Kratzer, & Linke , 2016, S. 35-40

[41] Vgl. Fröndhoff & Scheppe, 2019, abgerufen am 17.09.2019

[42] Vgl. Fröndhoff & Scheppe, 2019, abgerufen am 17.09.2019

[43] Vgl. Weleda AG, 2019, S. 5

3 Sinnorientierung, Kulturwandel und Rolle der Führungskraft in diesem Prozess

Da die Sinnorientierung mit Werten und Einstellungen verbunden ist, kann eine Ausrichtung auf den Sinn des Unternehmens nur dann stattfinden, wenn diese auch im kulturellen Kern des Unternehmens verankert ist. In diesem Kapitel möchte die Autorin betrachten, welche Rolle die Führungskraft in der Unternehmenskultur spielt und wie diese mit dem Prozess des Kulturwandels verbunden ist.

3.1 Zusammenhang Sinnorientierung und Führungsrolle

Konkrete Aufträge für die Implementierung sinnorientierter Führung kommen meist von Unternehmen, die einen kulturellen Wandel durchleben oder anstreben (nach Krisen, Fusionen, Führungswechseln) und eine neue Führungsgrundlage implementieren möchten.[44] Wenn ein Unternehmen nach einem Sinn sucht, geht es im Kern um die Unternehmenskultur und die damit verbundenen Veränderungsprozesse. Studien haben gezeigt, dass selbst wenn der Sinn einen hohen Stellenwert hat, trotzdem eine Trennung des gemeinsamen Verständnisses des Sinnes zwischen Mitarbeitenden und Unternehmensführung / Führungskräften existiert.[45]

Eine Studie des Harvard Business Review belegt, dass Mitarbeiter befragter Unternehmen Sinn und Werte des Unternehmens nicht immer verstehen (nur 38% der Befragten verstehen den Sinn ihres Unternehmens). Lediglich 37% dieser Befragten sind der Meinung, dass Business Modelle und operatives Geschäft stark mit dem Sinn verknüpft sind (vgl. Abbildung 3). Nur 46% gaben an, dass sie ihre strategischen und operativen Entscheidungen nach dem Sinn richten.[46] Hier wird die Spaltung zwischen Verständnis und Annahme deutlich, dass der Unternehmenssinn für einen unternehmerischen Erfolg elementar wichtig ist. In der Realität ist der Unternehmenssinn allerdings nicht in vollem Maße etabliert.

---

[44] Vgl. Grund & Schlegel, 2012, S. 234
[45] Vgl. Harvard Business Review, 2019, S.2, abgerufen am 17.09.2019
[46] Vgl. Harvard Business Review, 2019, S.2, abgerufen am 17.09.2019

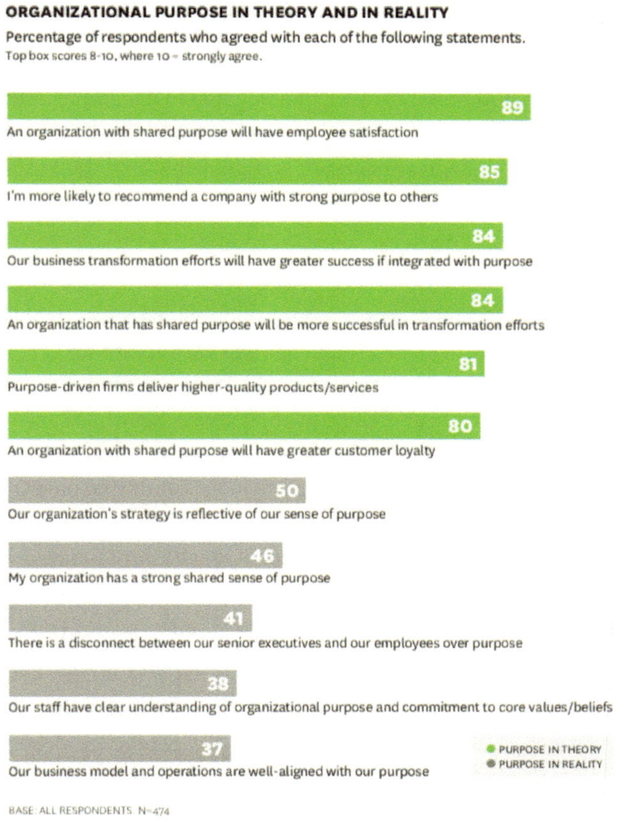

ORGANIZATIONAL PURPOSE IN THEORY AND IN REALITY

Percentage of respondents who agreed with each of the following statements.
Top box scores 8-10, where 10 = strongly agree.

Abbildung 3: Sinn des Unternehmens in Theorie und Realität
(Harvard Business Review, 2019)

In Bezug auf die Auswirkung des Sinnes auf den wirtschaftlichen Erfolg des Unternehmens, fanden neueste Studien von GARTENBERG ET AL. heraus, dass der Sinn in Ergänzung zu den bisherigen Forschungsergebissen im Wesentlichen vom mittleren Management gelebt werden muss. Der Einfluß des Top Managements ist in diesen Studien daher als nicht signifikant eingestuft. Ausserdem führt der Sinn des Unternehmens dann zum finanziellen Erfolg, wenn er klar vom mittleren Manage-ment an die Mitarbeiter kommuniziert wird und in operative und strategische

Entscheidungen eingebunden wird. Das mittlere Management muss eine klare Vorstellung über Ziele und Maßnahmen, die mit dem Sinn verbunden sind, haben. [47]

Somit liegen die notwendigen Aktivitäten, die Unternehmen in der Implementierung in den Fokus nehmen sollten, in der Verankerung des Sinnes in der Unternehmenskultur. Die Unternehmenskultur kann wiederrum maßgeblich durch die Vorbildrolle der Führungskraft vorangebracht werden.

3.2 Kultur und Kulturwandel

Der Kultur werden unterschiedliche Merkmale oder Phänomene zugeschrieben. Zuerst sind es die Phänomene des alltäglichen Umgangs, wie Wertvorstellungen, Rituale, Sitten und Gebräuche. Dazu kommen Normen und Symbole die als tiefere Komponente Weltsichten, Grundannahmen und kognitiven Systeme einschließen.[48] Kultur formt sich dadurch, dass ein Sinn der gemeinsamen Existenz gesucht und gefunden wird. Dies wird über Generationen weitervermittelt.[49][50] Die Kultur gibt eine Orientierung, sie kann helfen zu unterscheiden, was wichtig und unwichtig ist und kann ebenfalls die Komplexität reduzieren. Sie ist *„eine Führungshilfe für das Management und eine Orientierungshilfe für jeden Einzelnen", „Kultur vermittelt Sinn, Identifikation und ein Wir-Gefühl, da Mitarbeiter mit gemeinsamen Werten einander helfen".* (Kobi, 2008)

Das Verstehen der Unternehmenskultur sowie der Umgang mit ihr ist bei einem fundamentalen Wandel im Unternehmen sehr wichtig. Nach NOWAK sollten sich Unternehmen folgende Fragen stellen und beantworten: *„Was glaubt die Organisation über sich selbst und die Außenwelt? Welche Grundwerte vertritt sie? Was hält die Organisation im Innersten zusammen? Womit identifizieren sich die Organisationsmitglieder am stärksten?".* (Nowak, 2015)

So kann zum Beispiel das Schichten-Model nach E. SCHEIN (2004) und G. HOFSTEDE (2011) die Sturktur der Unternehmenskultur in drei Schichten erklären. Diese wurde von RASMUSSEN sowie GELLERT UND NOWAK um drei weitere Schichten ergänzt (siehe Abbildung 4).[51] Den kulturellen Kern bilden die „Grundwerte", „Prämissen", „Haltungen", die von außen nicht erkennbar sind. Auch den Personen im Unter-

---

[47] Vgl. Gartenberg, Prat, & Serafeim, 2018 abgerufen am 17.09.2019

[48] Vgl. Greif, Holling, & Nigel, 1995, S. 365

[49] Vgl. Greif, Holling, & Nigel, 1995, S. 339

[50] Vgl. Kobi, 2008, S. 65

[51] Vgl. Nowak, 2015, S. 355-358

nehmen sind diese nicht bewusst, obwohl diese Werte in hohem Masse handlungsleitend sind. Die mittlere Ebene bilden „Helden" (Verhaltensvorbilder) und „Rituale" (Kulturspezifische Massnahmen). Die als Verhaltensvorbilder aggierenden Personen („Helden") verhalten sich nicht immer ergebnisorientiert, sie haben eher den Zweck des sozialen Zusammenhaltens. An der Oberfläche liegen „Symbole" wie beispielweise Worte, Gesten und Bilder. Da der Sinn immer mit den Grundwerten verbunden ist, beeinflusst die Neueausrichtung nach dem Unternehmenssinn auch immer den Kern der Unternehemenskultur. So wird ersichtlich, dass die Veränderungen durch alle Schichten implimentiert werden müssen und damit sowohl Strategien und Ziele, als auch die oben genannten Praktiken wie soziales Miteinander, Rituale und Führung beeinflussen und an der Oberfläche durch die Symbole für den Aussenstehenden sichtbar gemacht werden.

Wenn ein Unternehmen seinen Sinn findet oder neu definiert geschieht somit Kulturwandel auf allen Ebenen (Individuum, Gruppe, ganze Organisation) und in allen Verhaltensaspekten (Einstellungen, Normen, Werte, Wahrnehmungen, Annahmen, Weltbilder, Verhaltensweisen). Bei diesen Veränderungsprozessen, die mit dem kulturellen Kern verbunden sind, gilt es daher, den Faktor Mensch besonders zu berücksichtigen. Die Veränderungen sollen durch Verhalten und Einstellungen der Mitarbeiter unterstützt werden.[52]

---

[52] Vgl. Vahs, 1999, S. 294

Schichten

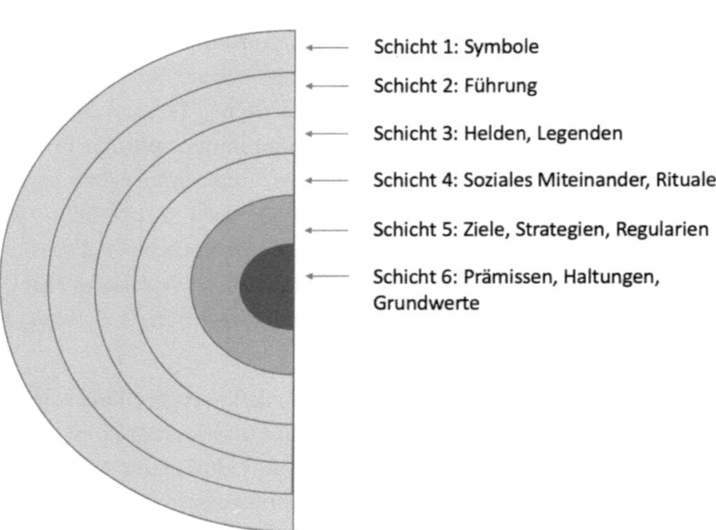

Abbildung 4: Erweitertes Schichten Modell zur Unternehmenskultur (Nowak, 2015, S. 358.)

Daher bringt eine kulturorientierte Führung Unternehmen zu einer neuen Weltsicht, die auch von Außenwelt erkennbar wird. [53]

3.3 Rolle der Führungskraft im Kulturwandel

Einen gemeinsamen Sinn in der Arbeit zu haben, unterstützt dabei mit der Komplexität der Herausforderungen umzugehen.

Die meisten Veränderungen in einem Unternehmen scheitern, da diese nicht in die tägliche Arbeitsroutine eingebracht werden. Dabei ist das Einbeziehen des Managements in den Veränderungsprozess sehr wichtig.[54] Aus Abbildung 4 ist zu erkennen, dass die Führung für die Unternehmenskultur eine besonders wichtige Rolle spielt. Diese transportiert alles sowohl in das Unternehmen hinein als auch nach außen, was im Unternehmenskern an Werten und Handlungen durch Strategien und Ziele gelebt wird. Trotz klarer Vorteile, sich nach dem Sinn zu orientieren, wählen laut Harward

---

[53] Vgl. Klimmer, 2009, S. 192

[54] Vgl. Klimmer D. M., 2009, S.223

Business Review wenige Unternehmen für strategische Entscheidungen den eigentlichen Sinn des Unternehmens.[55] Die Barrieren, die dabei genannt werden, sind unter anderem mangelnde Unterstützung der Führungsebene.[56] Laut KRÜGER UND BACH (Krüger & Bach, 2006) ist es für Veränderungsprozessen wichtig, die sachlichen Maßnahmen (Strategische Veränderungen, Prozessveränderungen) mit sozialen und personellen Fragen zu beantworten.[57] Auch nach KOBI geben Kultur und Werte Orientierung und Perspektiven. Die menschlichen Faktoren wie Führung oder Motivation (weiche Faktoren) beeinflussen dabei den Erfolg des Unternehmens.[58]

Hier bildet sowohl die Führungsrolle als auch das Top-Management eine erfolgsbestimmende Komponente, die den Wandlungsprozess dadurch treibt, dass sie die Projekte und Programme gestaltet und die Strategie verändert (Abbildung 5).

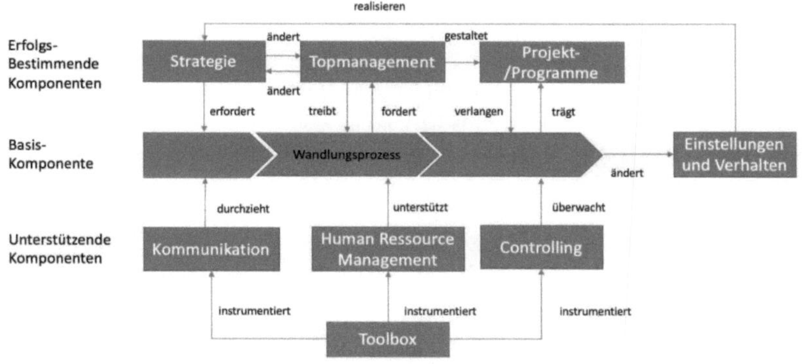

Abbildung 5: Komponenten und Wirkungszusammenhänge des Transformationsmanagements
(eigene Nachbildung nach Quelle: Krüger 2006, S.38)

So zeigt sich, dass das Management und die Führungskraft in ihren Rollen einen wichtigen Aspekt zur Kulturveränderung beitragen können. *„Erst wenn sich die Kerngruppe auf die eigenen Wertemaßstäbe besinnt und sich selbst als Teil des Veränderungsprozesses einbezieht, ist ein tragfähiges Fundament der Gestaltung gegeben."* (Kobi, 2008, S. 74).

---

[55] Vgl. Harvard Business Review, 2019, abgerufen am 17.0009.2019
[56] Vgl. Harvard Business Review, 2019, abgerufen am 17.09.2019
[57] Vgl. Krüger & Bach, 2006, S. 34
[58] Vgl. Kobi, 2008, S. 62

Wenn ein Unternehmen seinen Sinn gefunden hat, ist somit die Rolle des Managements und jeder einzelnen Führungskraft in der Implementierung des Sinnes sehr wichtig. So sagt CASHMAN, dass es die Aufgabe der Führungskraft sei, eine klare Verbindung mit dem Unternehmenssinn zu schaffen[59]. Dies Aufgabe / Funktion ist nicht nur einmalig in der Findungsphase und Bildung der Vision, sondern kontinuierlich in allen Prozessen der Führung zu implementieren. *„Um die Geschäftsleistung optimal nutzen zu können, müssen persönliche, teambezogene und organisatorische Ziele aufeinander abgestimmt werden."* (Korn Ferry Institute, 2016).

Auch nach KOBI soll auf den Wandel in Unternehmen auf sowohl harten als auch weichen Ebenen gleichzeitig eingegangen werden. Weiche Bausteine sind: Einstellungen, Werte und emotionale Aspekte. Dagegen sind der harten Ebene die Rahmenbedienungen und Spielregeln (Strukturen, Systeme, Prozesse) zuzuordnen. (Abbildung 10).

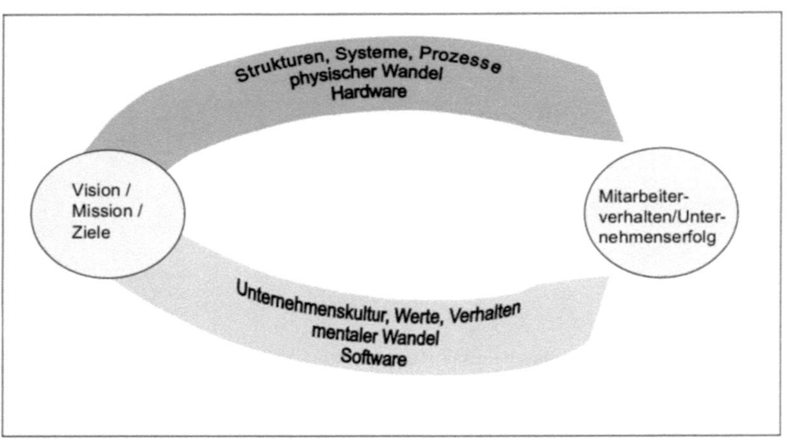

Abbildung 6: Harte und weiche Bausteine
(Kobi, 2008, S. 20)

---

[59] Vgl. Cashman, 2017, abgerufen am 03.09.2019

4 Neue Rolle der Führungskraft in „Purpose Driven Organisations"

Wenn die Unternehmen nach ihrem „Warum" suchen, dem besonderen Sinn und Antreiber für Handlungen, bedeutet dies, dass sich die Anforderungen an alle Führungkräfte zwangsläufig ebenfalls verändern. Die Führungskraft muss insprieren, motivieren als auch als Coach und Mentor fungieren. Die Bedeutung des Sinns in der Arbeit ist ein wichtiger Aspekt, da eine Führungskraft, die ihren Mitarbeitern den größeren Kontext verdeutlichen kann, sehr inspirierend wirken kann.[60] Somit entsteht die Frage wie in diesen Unternehmen die Rolle der Führungskraft ausgestaltet sein sollte und welche Eigenschaften dieser zukünftige Führungsstill benötigt.

Eine eineindeutige Beschreibung, was die Führungsrolle in der „Purpose Driven Organisation" bedeutet ist in der Literatur nicht feststellbar. Es sind unterschiedliche Konzepte vorhanden, welche die Hauptkompetenzen der Führungskraft in diesen Unternehmen beschreiben. In der Regel geht es aber um eine allgemeine Beschreibung, was in einem Unternehmen passieren sollte, oder wie die Kompetenzen des Top-Managements und der CEOs ausgestaltet sein müssen (wie z.B. bei (Pascarella & Frohman, 1989) The Purpose-Driven Organisation).

Hierbei ist eine Analogie zur Zweiseitigkeit der Dimensionen wie bei der Begriffserklärung des Sinnes zu erkennen. Wie im Kapitel 2 erklärt ist, geht es:

- einerseits um sinnvolle Arbeit: hier ist der Sinn als eine innere Kraftquelle, die das Verständnis der eigenen Aufgaben der Mitarbeiter wiederspiegelt zu sehen. Dieser Sinn zeigt, welchen Platz und Beitrag die Mitarbeiter in deren Aufgaben leisten. Er wirkt dabei zusätzlich motivierend und inspirierend.
- Auf der anderen Seite steht die sinnstiftende Arbeit: Orientierung nach dem Sinn des Unternehmens, der außerhalb der reinen Profitgewinnung liegt, als eine vom Unternehmen gefundene Sinnquelle um einen gesellschaftlichen Beitrag zu leisten.

Folglich wird analysiert, welche Empfehlungen aus der Literatur identifiziert und welche Management-wirksamen Instrumente in einem solchen Unternehmen eingesetzt werden können, um den neuen Sinn in Unternehmen in der Kultur zu verankern. Zum Schluss dieses Kapitels werde begründet, warum nach Meinung der Autorin ein

---

[60] Vgl. Prof. Dr. Bruch , Färber , & Christina, Juni 2018

integrierendes Konzept notwendig ist, die diese zwei unterschiedlichen Sinnverständnisse (des Unternehmens und im persönlichen Sinn) verbinden soll.

4.1 Führungsstile mit Nennung der Sinnorientierung

Führen nach dem Sinn wird in Bezug auf unterschiedlichste Führungstheorien oder Management „Bewegungen" genannt. Diese unterschiedlichen Führungsrichtungen werden hier kurz dargestellt.

Wirksame Führung: So nannte MALIK als einen Grundsatz der wirksamen Führung die Fähigkeit des Managers, dem Mitarbeiter dabei zu helfen, einen Sinn in seiner Arbeit zu finden. Und zwar im Verständnis nach V. FRANKL. Dieser beschreibt, dass der Mitarbeiter dadurch nicht nur Freude an der Arbeit hat, sondern auch ein höheres Maß an Motivation und Erfüllung finden kann.[61]

Agiles Konzept: Auch in Bezug auf den agilen Kontext wird die damit verbundene Orientierung nach dem Sinn als eine Notwendigkeit für den Mitarbeiter gesehen. Nach MURRAY besteht zwischen Sinn und Agilität eine wichtige Verbindung. Selbstverantwortung im Team braucht einen gemeinsamen Sinn.[62] (Abbildung 6) Es hilft den Mitarbeitern schnell Entscheidungen zu treffen und Flexibilität im Alltag zu behalten, ohne die Richtung zu verlieren.[63]

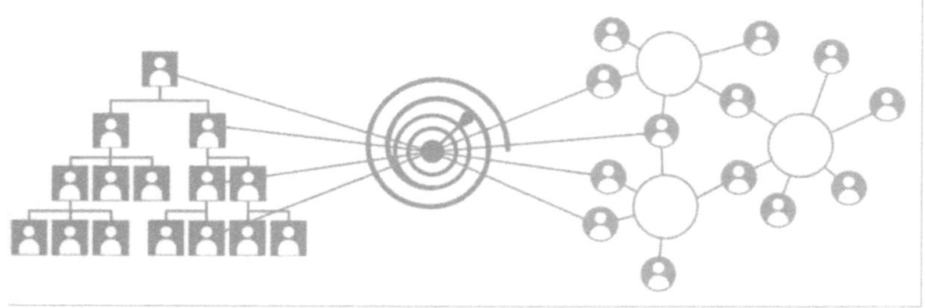

Abbildung 7: Sinn unterstützt Netzwerke und erhöht Agilität
(Murray, 2017, S.41)

---

[61] Vgl. Malik, 2014, S. 90-91
[62] Vgl. Ayberk, Kratzer, & Linke , 2016, abgerufen am 03.09.2019
[63] Vgl. Murray, 2017, S. 37

Emotional Leadership: Eine Art der Führung, die sich in ihrem Verhalten auf die psychologischen Grundbedürfnisse der Mitarbeiter ausrichtet. Einer dieser Grundbedürfnisse ist der Sinn bzw. das Kohärenz Gefühl.[64] Beispiel für emotionales Führungsverhalten in Bezug auf den Sinn ist es, den Mitarbeiter dabei zu unterstützen den Sinn in der eigenen Arbeit zu sehen und ihm aufzuzeigen, welchen Beitrag er mit seiner Arbeit leistet.[65]

Sinnorientierte Führung: Sinnorientierte Führung stellt den Menschen und dessen Streben nach dem Sinn in den Mittelpunkt der Mitarbeitermotivation. Für diese Führungsart ist eine Selbstreflexion der Führungskraft sehr wichtig, die auch die Fähigkeit besitzt, dem Mitarbeiter die Sinnhaftigkeit der Arbeit aufzuzeigen. Besonders gut ist der Einsatz dieses Führungsstilles im Buch von P. Künkel: „Führung mit Sinn" beschrieben.[66]

Purpose Driven Leadership oder partizipatives Leadership: eine verteilte Autorität ist in Organisationen, die einen Sinn suchen, sehr verbreitet. Viele Unternehmen, welche den Sinn einführen oder bereits eingeführt haben, möchten sich zu Selbstorganisationen entwickeln.[67] PASCARELLA UND FROHMAN beschreiben dies auch als partizipatives Management, in dem das Management die Mitarbeiter in den Entscheidungsprozess mit einbezieht. Eine echte und wirksame Mitbeteiligung an Entscheidungsprozessen kann nur dann erfolgen, wenn Mitarbeiter einen Sinn in diesen erkennen.[68]

4.2 Managementwirksame Instrumente in Purpose Driven Organisations.

Studien und Literatur dieser neuen Bewegung basieren auf einer allgemeinen Beschreibung, wie die Sinnsuche in Unternehmen erfolgt. Warum diese Suche für die Zukunft des Unternehmens wichtig ist und wie es die Arbeit selbst in diesen Unternehmen beeinflusst, ist ebenfalls in der Literatur beschrieben. Dabei werden oft Purpose Driven Organisations oder sinnorientierte Unternehmen, als selbstorganisierte Unternehmen bezeichnet, die keine Führungsrollen und -strukturen mehr haben und sich selbst ausschließlich am Sinn des Unternehmens orientieren.[69] [70] Nach Meinung

---

[64] Vgl. Mourlane, 2015, S. 136
[65] Vgl. Mourlane, 2015, S. 138
[66] Vgl. Künkel, 2016
[67] Vgl. Laloux, 2014
[68] Vgl. Pascarella & Frohman, 1989, S. 142
[69] Vgl. Laloux, 2014
[70] Vgl. Fink & Moeller, 2018

der Autorin wird es allerdings nicht immer möglich sein, dass sich Unternehmen, die nach einem Sinn suchen, tatsächlich auch ausnahmslos selbstorganisierend arbeiten werden. Selbst Unternehmen, die bereits heute agil arbeiten, haben in ihren Teams bestimmte Rollen etabliert, in denen Führungskompetenzen explizit gefordert sind. KORN FERRY identifizierte vier Schlüsselbedingungen, die als Grundlage dienen sollen, um eine sinnorientierte Organisation zu bilden:

- Sinn in Entscheidungen einbinden: Der CEO und weitere leiten aus Werten und Sinn Entscheidungen ab.

- Mensch als Priorität: Der Mensch hat höchste Priorität. Unternehmen investieren in Menschen, um das Wachstum voranzutreiben.

- Individualität der Mitarbeiter am Arbeitsplatz: Die Individualität und Kultur spiegeln die menschlichen Gemeinschaften wider, da die Menschen ihr ganzes Selbst zur Arbeit bringen.

- Für Sinn Raum geben: Ermöglichung von Praktiken in allen Teilen der Organisation, die ein umfassendes Bekenntnis zum Sinn offenbaren[71].

Viele praktische Hinweise, welche die Rolle der Führungskraft in diesen Unternehmen beschreibt oder unterstützt, findet man unter anderem in den Bücher von: (Ulrich, 2010) (Pascarella & Frohman, 1989) (Murray, People with Purpose, 2017).

4.3 Erklärung der Notwendigkeit eines neuen Konzepts

Unternehmen, die sich an einem Sinn orientieren, brauchen eine andere Art von Managern. Die Führungskraft in diesen Unternehmen muss den gemeinsamen Sinn des Unternehmens verfolgen. Dadurch können sie als Visionäre auftreten, die sich auf den Sinn des Unternehmens fokussieren und damit andere führen und begeistern können.[72] [73] Weiterhin müssen sie Mitarbeiter unterstützen den Sinn der eigenen Aufgaben und der eigenen Arbeit zu erkennen und zu verstehen.

Die Verknüpfung dieser zwei Anforderungen, um den Prozess der Implementierung des Sinnes in der Unternehmenskultur zu unterstützen, stellt die Autorin als die neue Rolle der Führungskraft heraus, die sie als „Good-Future-Leadership (GFL)®" bezeichnet.

---

[71] Vgl. Korn Ferry Institute, 2016, S. 4

[72] Vgl. Pascarella & Frohman, 1989, S. 17

[73] Vgl. Sinek, 2018

5 Good Future Leadership (GFL)®: nach dem Sinn des Unternehmens führen

In diesem Kapitel wird die Verfasserin ihr eigenes Konzept „Good Future Leadership (GFL)®" vorstellen. Sie wird versuchen ein ganzheitliches Bild darzustellen, wie diese neue Führungsrolle aus ihrer Sicht aussehen kann und für welche Bereiche diese anwendbar sind. Es hilft, wenn die Führungsrolle sowohl den Sinn des Unternehmens als auch den Sinn für die Mitarbeiter miteinander verbindet.[74] Somit wird ein motivierendes und inspirierendes Arbeitsumfeld geschaffen, in dem Produkte oder Dienstleistungen entstehen, die einerseits diesen Unternehmen nachhaltige Erfolge (auch finanziell) sichern. Und andererseits für Gesellschaft und Umwelt eine Verbesserung sowie Lösungen für die aktuellen Herausforderungen liefert.[75]

Zuerst wird dargestellt, was eine Organisation oder Unternehmen aus systemischer Sicht bedeutet und welche Bereiche von Sinn beeinflusst sind. Die darauffolgende Zusammenfassung stellt dar, welche wichtigen Kompetenzen eine Führungskraft in dieser Rolle entwickeln und erweitern sollte. Dabei werden die Fähigkeiten zusammengefasst, die in einzelnen Literaturquellen dargestellt sind und um die Ebenen der unterschiedlichen Einflussbereiche der Führungskraft ergänzt

5.1 Organisation und Sinn (Sinn als Orientierungs-Stern)

Der Sinn stellt einen innerlichen Treiber dar, der dem ganzen Unternehmen eine Orientierung sowie effiziente Energie geben soll. Voraussetzung ist, dass ein Sinn im Unternehmens-Kontext gefunden wird. Dieser gefundene Sinn und die damit gefundenen neuen Werte beeinflussen die Unternehmenskultur, wie in Kapitel 4 gezeigt. Ein bestehendes Modell, welches hilft, den gesamten Kontext des unternehmerischen Zusammenspieles zu erkennen, ist das TOP-Organisationsmodell nach Nowak (Abbildung 8). Die Autorin wird dieses Modell nutzen, um aufzuzeigen, welche Bereiche von einem neu gefundenen Sinn damit beeinflussbar sind, und in welchen Bereichen die Kompetenzen einer Führungskraft unterstützend in ihrer neuen Rolle, nämlich im Sinn des Unternehmens zu führen, sein können.

---

74 Vgl. Rey, Bastons, & Sotok, 2019, S. 4-9

75 Vgl. Gartenberg, Prat, & Serafeim, 2018, abgerufen am 17.09.2019

5.1.1 TOP- Organisationsmodell

Laut Nowak wird der Begriff Organisation in einer dreifachen Bedeutung verwendet: „Eine Organisation (a) hat eine Organisation (b) und wird organisiert (c)." (Nowak, 2015, S. 20). In seinem TOP-Organisationsmodell bilden drei Kreise die Haputakteure einer Organisation:

1. Organisationen als Zeitkontinuum von Strukturen und Prozessen
2. Das Team als operatives Subsystem
3. Die Person als Mitglied der Organisation.

Hier symbolisiert der Kreis „Organisation" die Gesamtheit der Prozesse im Unternehmen. Er ist auch ein „anonymes" Mitglied, ohne ein persönliches Gesicht mit bestimmten Prozessen, Strategien und Abläufen. Unter „Team" werden sämtliche Arbeitgruppen erfasst, die bestimmte Aufgaben erfüllen. Es sind soziale Systeme die bestimmte Gruppendynamiken erfüllen. Von den Handlungen dieses Subsystems ist der Erfolg des Unternehmens maßgeblich abhängig. Zu diesem Kreis gehören auch die oberen Führungsebenen. Die Führung unternstützt die Organisationsstrukturen, Prozesse und Strategien und muss tief mit dem Sinn und den Werten des Unternehmens verbunden sein.

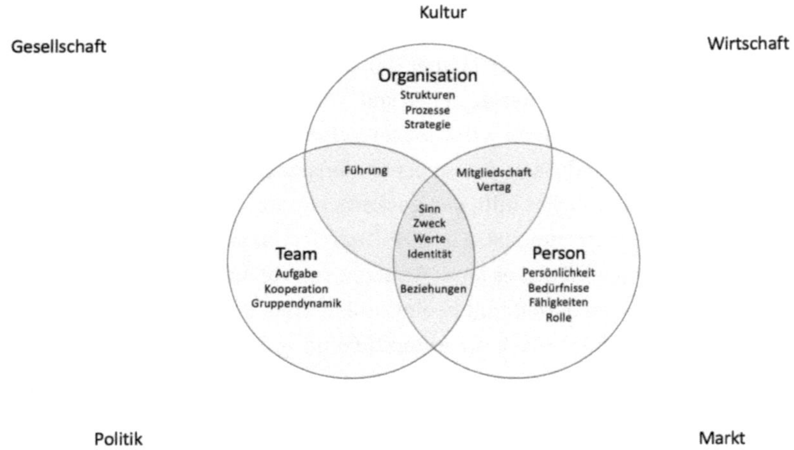

Abbildung 8: TOP-Organisationsmodell nach Nowak
(Nowak, et al., 2015)

Mit Person sind die einzelnen Mitgleider einer Organisation gemeint, die bestimmte Funktionen ausfüllen. Alles zusammen macht die Organisation aus (über psychische Struktur einer Person, zur sozialen Struktur eines Teams bis zum organsationalen System einer Organisation).[76] Die Organisation ist auch mit der Außenwelt verbunden und wird von außen von unterschiedlichen Faktoren beeeinflusst (Gesellschaft, Wirtschaft, Politik, Kultur usw.)

Nach NOWAK sind Sinn, Zweck und Werte des Unternehmens im Schnittpunkt aller drei Kreise in der Mitte zu finden, woran sich die Personen und Teams orientieren sollten. Somit ist zu erkennen, in welchen Organisationseinheiten der Sinn zu berücksichtigen ist. Eine Erklärung, welche Prozesse einer Organisation von dem Sinn beeinflusst werden gibt der Nord Stern nach MURRAY.

5.1.2 True North Diagramm nach MURRAY

MURRAY hat in seinem True North Diagramm dargestellt, wie der Sinn in die Unternehmensstruktur passt und implementiert werden kann (Abbildung 8). Hier ist ersichtlich, dass der Sinn auf die Mission des Unternehmens Einfluss hat, woraus sich auch das Markenversprechen ergibt. Gleichzeitig ist der Sinn mit den Werten und der Ambitionen des Unternehmens verbunden.

---

[76] Vgl. Nowak, 2015, S.20-25

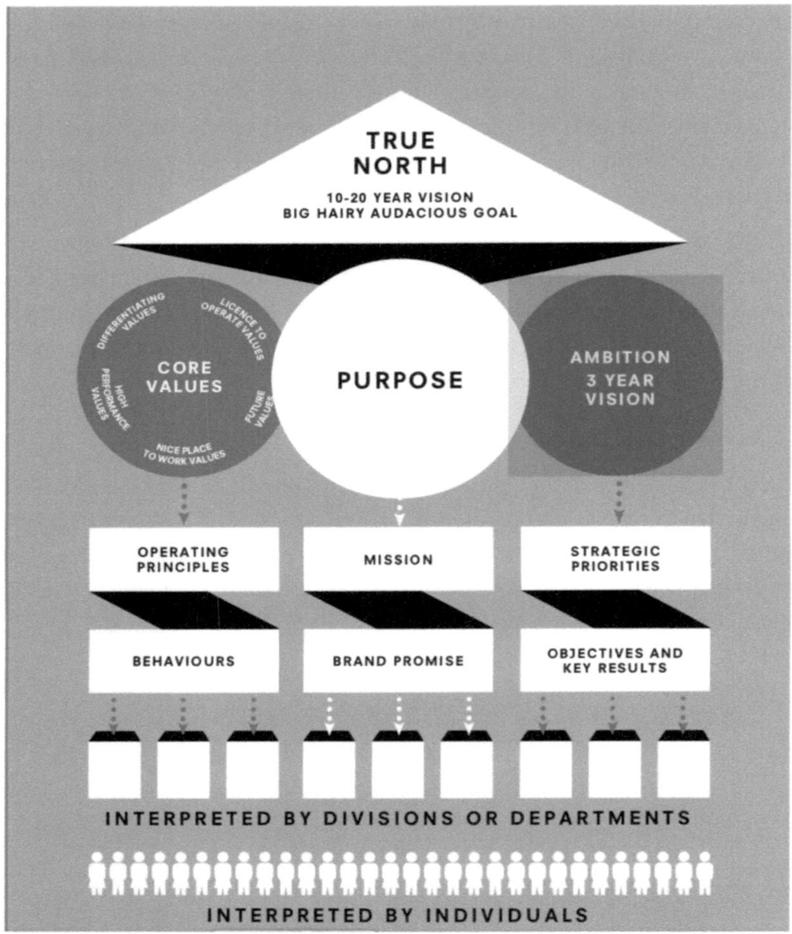

Abbildung 9: True North Diagram
(Murray, 2017)

Außerdem hat der Sinn Einfluss auf die langfristige Vision. Der Sinn sollte sowohl von unterschiedlichen Abteilungen interpretiert werden als auch von Individuen, die im Unternehmen beschäftigt sind. Somit arbeiten alle an einem Ziel (True North) mit einem gemeinsamen Sinn.[77]

---

[77] Vgl. Murray, 2017

Dies gibt erneut zu erkennen, dass Verständnis und Annahme des Sinnes des Unternehmens auf organisationaler Ebene wichtig sind. Weiterhin spiegeln sich in der Mission des Unternehmens, seinen operativen Prozessen und strategischen Entscheidungen der Sinn wider. Schließlich muss von einzelnen Abteilungen und Personen der Sinn verstanden und angenommen werden.

Um zwischen dem Sinn des Unternehmens und dem eigenen Sinn der Mitarbeiter eine Verbindung zu finden, ist es wichtig zu wissen, wie der Sinn am Arbeitsplatz empfunden wird. In ihren Studien „Corporate Purpose and Financial Performance" betrachten Gartenberg und Kollegen für das Objektivieren des Sinnes das individuelle Sinnempfinden der Arbeit.[78]

5.2 Sinnempfinden am Arbeitsplatz

Dass der Sinn gelebt und als innerer Treiber dienen soll, ist oben bereits dargestellt. Wie wird nun auch der Sinn des Unternehmens von den Mitarbeitenden (Personen) empfunden?

Nach ISAKSEN empfinden die Menschen Sinn am Arbeitsplatz auf drei wesentlichen Ebenen[79]:

- Sinnempfinden durch Verbundenheit zum Arbeitsplatz (das Gefühl zu haben wichtig für verschiedene Arbeitsabläufe zu sein, erleben von Teamgeist im Arbeiterleben). Dieses Sinnempfinden wirkt positiv auf das Selbstwertgefühl.

- Sinnerleben durch soziale Beziehungen in der Arbeit und die Möglichkeit soziale Kontakte zu pflegen. Durch Rücksicht gegenüber den Problemen anderer und dadurch, dass sie sich der Person gegenüber dafür aufgeschlossen zeigen.

- Sinnerleben durch Betrachtung der Arbeit als ein Teil des größeren Zusammenhangs. Die Arbeit wird über das reine Geldverdienen hinaus betrachtet und als Chance gesehen, sich und der Familie etwas zu ermöglichen oder auch eigene Träume zu verwirklichen.

Interessant ist hier die Befragung von MeinungsMonitor zum Thema „Was macht Sinn?" und die Frage „Wer ist in erster Linie Verantwortlich für Sinnstiftung bei der Arbeit?" So geben 52 % an, dass es an erster Stelle jeder einzelne ist selbst-

---

[78] Vgl. Gartenberg, Prat, & Serafeim, 2018, abgerufen am 17.09.2019
[79] Vgl. Isaksen, 2000, S. 84-107

verantwortlich, 18 % das Unternehmen, 17 % das Team und 13 % die Führungs-kraft.[80] Dies zeigt, dass es den Befragten bewusst ist, die eigene Verantwortlichkeit für der Sinn in der Arbeit zu sehen.

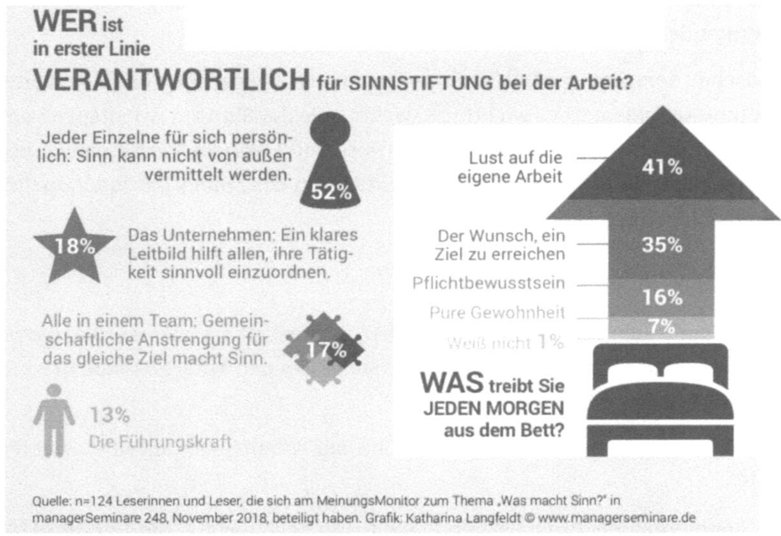

Abbildung 10: Wer ist in erster Linie Verantwortlich für die Sinnstiftung bei der Arbeit? (Lipkowski , 2019)

---

6 Kompetenzen der Führungskraft in Purpose Driven Organisations

Nach BEER: "It's easy to state a purpose and state a set of values. It's much harder to enact them in the organization because it requires you to continually search for consistency across many disciplines and many activities." "You can't just adopt it … It has to be driven, operationally and in depth, by the CEO and the top leadership team. That takes a lot of skill and understanding to do well, which is why so few companies really can pull it off." (Harvard Business Review, 2019) (Sinngemäß übersetzt: Es ist einfach, einen Sinn und eine Reihe von Werten anzugeben, jedoch viel schwieriger diese in der Organisation umzusetzen, da diese kontinuierlich mit vielen Aktivitäten aufrechterhalten werden müssen. Eine Implementierung von Sinn und Werten muss operativ und gründlich vom CEO und dem obersten Führungsteam gesteuert werden. Das erfordert viel Geschick und Verständnis, weshalb so wenige Unternehmen es wirklich schaffen können).

Wie bereits erwähnt existieren unterschiedliche Modelle und Beschreibungen der Fähigkeiten einer Führungskraft. Im Rahmen dieser Arbeit ist es nicht möglich auf jede einzelne Fähigkeit einzugehen. Stattdessen wird der Fokus vielmehr auf die wichtigsten Soft-Skills, die in Verbindung mit sinnvoller und sinnstiftender Arbeit stehen, gerichtet. Im Weiterem werden unterschiedlichste Kriterien, die von diversen Autoren und Beratern analysiert und dargestellt sind, zusammegefasst und die, aus Sicht der Autorin am meisten relevant erscheinenden, hervorgehoben.

Diese gefundenen Aussagen, die darauf hinweisen, welches Führungsverhalten ein Unternehmen braucht, um den Sinn im Unternehmen zu integrieren, sind in einer Tabelle zusammengefasst (Anhang 2). Diese ist anhand des TOP-Organisationsmodells zugeordnet, um zu erkennen und darzustellen, um welchen Bereich der Organisation es sich handelt. Daraus werden anschließend die Eigenschaften und Empfehlungen in Stichworten zusammengefasst.

Wie sich zeigt, gehen die Empfehlungen sehr stark in Richtung der eigenen Persönlichkeit der Führungskraft, denn Begriffe wie Vorbild und Authentizität werden sehr oft genannt. Kommunikative Fähigkeiten aber auch die Fähigkeit, ständig zu lernen und aus Fehlern zu wachsen, werden ebenfalls als besonders wichtig angesehen.

Nach Meinung der Autorin sind sowohl die Bereiche der Team-Bildung aber auch die Prozesse in der Organisation zu schwach repräsentiert. Diese werden von ihr mit eigenen zusätzlichen Empfehlungen ergänzt werden.

Da sie in ihrem Unternehmen den Prozess der Sinnsuche von Anfang an begleitet hat und ein Jahr sehr intensiv im „Purpose Team" tätig war, konnte sie diese Entwicklung in der Praxis selbst verfolgen. In dieser Zeit hat sie parallel diverse Methoden mit ihrem Team getestet, die ihr geholfen haben, ihr Team mit dem Unternehmenssinn in Resonanz und Verbindung zu bringen. Diese Erfahrungen entstanden teilweise situativ bzw. aufgrund ihrer zweijährigen Coaching-Ausbildung und persönlichen Erfahrungen sowie die damit vertiefte Fähigkeit Menschen zu beobachten. Sowohl aus diesen Gesprächen als auch durch das Feedback ihrer Mitarbeiter, die an zwei Workshops für das gesamte Unternehmen zum Thema Sinn teilgenommen haben, fließen ihre Empfehlungen ein. Interessanterweise wird dies auch durch unterschiedliche Literaturquellen bestätigt, was der Autorin Zuversicht gibt, dass sie in ihren Beobachtungen im Kern die wesentlichen Inhalte, Anforderungen und Lösungsmöglichkeiten gefunden hat.

Folgend werden wichtiges Verhalten und wichtige Kompetenzen zusammengefasst (ausführliche Gesamtübersicht siehe Anhang 2):

Bereiche der Organisation	Verhalten und Kompetenzen (eigene Zusammenfassung)	Verhalten und Kompetenzen „Good-Future-Leadership (GFL)®" (eigene Ausarbeitung)
Persönlichkeit der Führungskraft	Selbstreflexion Eigenen Sinn finden Fühlen Empathie Vorbild sein Authentisch sein Humor/Kreativität Flexibilität Mut Anderen und dem höheren Ziel dienen	Selbstreflexion / eigenen Sinn finden Empathie Vorbild und Authentizität Anderem und höherem Ziel dienen
Mitarbeiter Führung	Vertrauen den Mitarbeitern geben Führung als ständiges Lernen sehen Fehlerkultur unterstützen Mitarbeiter unterstützen die eigene Werte und Authentizität vorzuleben	Vertrauen geben und selbstverantwortliche Arbeit unterstützen Mitarbeiter unterstützen die eigene Werte und Authentizität leben Sinn kommunizieren Visionen schaffen und klare Bilder vermitteln

Bereiche der Organisation	Verhalten und Kompetenzen (eigene Zusammenfassung)	Verhalten und Kompetenzen „Good-Future-Leadership (GFL)®" (eigene Ausarbeitung)
Team	Gemeinsamen Sinn finden Nach dem Sinn ausrichten Menschliche Beziehungen gestalten	Gemeinsamen Sinn finden Nach dem Sinn ausrichten
Organisation	Leidenschaft zu dem was das Unternehmen leistet zeigen Klares Verständnis des Sinnes haben Sinn bei den Zielen und Entscheidungen mitberücksichtigen Klare Visionen und Vorstellungen über Ziel und Maßnahme die mit dem Sinn verbunden sind	Entscheidungen und Handlungen mit dem Sinn verbinden Führungskraft versteht den Sinn und verfügt über klare Visionen und Maßnahmen zu dessen Verwirklichung

Tabelle 1: Zusammenfassung Verhalten und Kompetenzen der Führungskraft in Purpose Driven Organisations aus Literaturrecherche
(eigene Darstellung)

Im Weiteren wird jedes Verhalten und die dafür benötigte Kompetenz einzeln und detailliert beschrieben.

6.1 Selbstführung: Verhalten und Kompetenzen der Führungskraft für Selbstführung

Da der Sinn mit dem emotionalen Teil der Menschen verbunden ist, ist es wichtig die innere Haltung und eigenen Werte und Einstellungen der Führungskraft in der Arbeit nach dem Sinn auszurichten. So haben beispielsweise eigene Mitarbeiter in persönlichen Gesprächen aber auch als Feedback auf Reflexionsfragen geäußert, dass es frustrierend ist, wenn die Führungskraft in ihrer Haltung nicht authentisch ist. Folgend wird auf einige Eigenschaften eingegangen.

Wie Methodik oder welche Tools dafür unterstützend dienen können, wird im Kapitel 6.5 erläutert. Eine detaillierte und genaue Betrachtung jedes einzelnen Verhaltens ist im Rahmen dieser Arbeit nicht möglich, daher werden diese teilweise auch zusammengefasst.

Selbstreflexion / eigenen Sinn finden

Studien zeigen, dass nur 20% der Führungskräfte einen eigenen Sinn in der Arbeit gefunden haben und nur ein Bruchteil davon diesen klar artikulieren können. Führungskräfte haben zudem Schwierigkeiten, neben der Artikulation des Sinnes der Führungsaufgabe den Sinn in ihren Handlungen umzusetzen.[81] Der Sinn ist ein innerer Wert und kann nicht von außen aufgesetzt werden, wie FRANKL mit folgender Aussage untermauert: *„Objektivität des Sinnes gelegen sein, dass er jeweils entdeckt werden muss und nicht erfunden werden kann."* (E.Frankl, 2017) Daher ist eine Selbstreflexion und Beschäftigung mit den Fragen der eigenen Werte und dem Sinn der eigenen Arbeit besonders für die Führungskraft wichtig. So sagt Malik: wenn ein Manager wirksam sein will, zahlt es sich aus, sich mit folgenden Fragen zu beschäftigen: „Was bedeutet mein Spezialgebiet für die Welt und für diese Organisation? Wem nutzt das, was ich hier tue? Und wie muss ich es tun, damit es nützt?"[82]

Fühlen / Empathie

Für die Führung ist eine Führungskultur mit menschlichen Werten und einem guten Menschenbild und -einstellung wichtig. Eine Führungskraft, die nicht auf Grundbedürfnisse eingeht, erzeugt bei den Mitarbeitenden Angst und eine Schein-Höflichkeit.[83] Eine Studie zur Führung, Gesundheit und Resilienz untersuchte die Hypothese, ob ein emotionales (bedürfnisorientiertes) Führungsverhalten einen positiven Einfluss auf die Gesundheit und Leistungsfähigkeit der Mitarbeiter hat.[84] " Die wichtigsten Ergebnisse waren *"Ein emotionales und somit auf die psychologischen Grundbedürfnisse des Menschen ausgerichtetes Führungsverhalten steht in engem positiven Zusammenhang mit der Einschätzung, eine gut Führungskraft zu sein, der psychischen und körperlichen Gesundheit und der Leistungsfähigkeit von Mitarbeitern."* (Mourlane, 2015)

Vorbild und Authentizität

Die Authentizität der Führungskraft spielt hier eine entscheidende Rolle. Authentisch zu sein *„bedeutet, gemäß seinem «wahren Selbst», d. h. seinen Gedanken, Emotionen, Bedürfnissen, Werten, Vorlieben, Überzeugungen entsprechend auszudrücken und danach handeln."* (Dorsch Lexikon der Psychologie) So Pascarella: *„der Unternehmens-*

---

81   Vgl. Craig & A. Snook, 2014, abgerufen am 19.09.2019
82   Vgl. Malik, 2014, S. 95
83   Vgl. E.Frankl, 2017
84   Vgl. Mourlane, 2015, S. 138

sinn beginnt mit dem persönlichen Sinn" (Pascarella & Frohman, 1989). Der Unternehmenssinn bleibt ein leeres Wort auf dem Papier, wenn es nicht mit den persönlichen Überzeugungen in die Resonanz kommt.[85]

Eine Führungkraft sollte die Kultur und die Werte vorleben.[86] Die Werte sollten unbedingt in die Führung der Mitarbeitenden mit einbezogen werden. Für eine Kulturentwicklung ist es wichtig, ein Klima des Vertrauens zu haben und eine Kontinuität der Werte-Entwicklung.[87] So nach Kobi: *„Werte sind geteilte Vorstellungen darüber, was für das Unternehmen gut und wünschenswert ist. Sie sind ein grundlegender Orientierungsmaßstab menschlichen Urteilens und Handelns. Sie umschreiben Verhaltensweise und Annahmen, die im unternehmerischen Tag als Orientierungspunkte dienen und als wichtig und vertwoll erachtet werden. [...] haben eine Filterfunktion."*(Kobi, 2008, S.68).

So wie der Sinn, sind auch die Werte keine leeren vorgegebenen Worte. Sie sollen von Mitarbeitern authentisch gefühlt und verstanden werden. [88] Auf der persönlichen Ebene entsteht ein innerer Dialog, zwischen eigenen Werten und den Werten, die in der Arbeit gesehen werden. Eine Führungskraft kann hierbei nichts direkt beeinflussen. Sie hat allerdings die Möglichkeit, Veränderungen aufzuzeigen, damit diese Werte besser gelebt werden können und somit die Mitarbeitenden in der Authentizität unterstützen.[89]

Anderem und höherem Ziel dienen

Nach Frankl erfüllen und verwirklichen wir uns selbst, wenn wir uns mit den Aufgaben der Umwelt und dem Leben beschäftigen und nicht nur mit unseren eigenen Bedürfnissen.[90] *„Will ich werden, was ich kann, so muss ich tun, was ich soll. Wenn ich Ich selbst werden will, dann muss ich konkrete und persönliche Aufgaben und Forderungen erfüllen. Will der Mensch zu seinem Selbst, will er zu sich kommen, so führt der Weg über die Welt"* (E. Frankl, 2017, S. 276)

So bezeichnet Malik den Management Beruf als den wichtigsten Beruf in der heutigen Gesellschaft. Vom Denken und Handeln des Managements hängt nicht nur die

---

[85] Vgl. Ulrich, 2010, S. 29

[86] Vgl. Kobi, 2008, S. 75

[87] Vgl. Kobi, 2008, S. 70

[88] Vgl. Kobi, 2008, S. 70-71

[89] Vgl. Ulrich, 2010, S. 31

[90] Vgl. E.Frankl, 2017, S. 280

Entwicklung der Wirtschaft, Produktivität und Innovationskraft ab, sondern auch das Gesundheits-, Bildungs- und Wohlstandsniveau sowie die Zufriedenheit der meisten Menschen.[91] Die Führung, die nur an finanziellem Erfolg orientiert ist, schafft emotionale Leere. Die Kunst ist es ein Gleichgewicht zwischen Sinngebung und finanziellem Erfolg zu schaffen. MALIK spricht hier von der Fähigkeit der Führungskraft nicht aus ihrer Position heraus zu handeln, sondern aus den Gedanken, welchen Beitrag sie in ihrer Position leisten kann.[92]

Nach Meinung der Autorin sollten Unternehmen, die sich an einem Sinn orientieren wollen, die Fokussierung auf den höheren Sinn als oberste Priorität legen. Was passiert, wenn Unternehmen ihren Sinn und Zweck an höheren Zielen orientieren? Im Idealfall werden die Werte, die in einem Unternehmen gelebt werden, mit den Werten der Mitarbeitenden in Einklang gebracht und die Mitarbeiter erfahren eine höhere Zufriedenheit und Motivation für und aus ihrer Arbeit. So nach Malik: *„Die Kenntnis des Ganzen, der Dienst am Ganzen, [...] das Bewusstsein, etwas Wichtiges zu seiner Entstehung, Erhaltung und zu seinem Erfolg beizutragen [...] bilden eine viel stabilere und größere Motivation, als sie von den meisten anderen sogenannten Motivatoren herbeigeführt werden kann."* (Malik, 2014, S. 98-99) Somit kann ein Ziel, das wertvoll und erreichbar ist, zu mehr Freude und Motivation führen.[93] Und die Führungskraft, die den Mitarbeitern den größeren Kontext verdeutlichen kann, wirkt inspirierend.[94]

Eine weitere Frage in diesem Zusammenhang ist: Wie gelingt eine Anpassung an die Bedarfe der Umwelt? So empfiehlt MURRAY folgende Fragen zu stellen: *„What do people in this region care about? What is the political and economic landscape? What are the specific problems related to our core competencies?"*[95] Hier wird erneut die Rolle der Führungskraft deutlich. Diese Fragen sollten vom Management gestellt und unterstützt werden. Wenn ein Manager nicht nur finanzielle Vorteile in den Vordergrund stellt, sondern ein Verständnis für das Große und Ganze hat und dies kommuniziert, kann er die Mitarbeiter als Vorbild führen.[96]

---

[91] Vgl. Malik, 2014, S. 58-59
[92] Vgl. Malik, 2014, S. 94
[93] Vgl. Buchacher, Kölblinger, Roth, & Wimmer, 2015, S. 12-16
[94] Vgl. Prof. Dr. Bruch , Färber , & Christina, Juni 2018
[95] Vgl. Murray, 2017, S. 22
[96] Vgl. Malik, 2014, S. 94-95

6.2 Verhalten und Kompetenzen der Führungskraft in der Mitarbeiterführung

Die Verfasserin der Arbeit hat im eigene Unternehmen mehrere Werkstunden sowohl mit eigenen, als auch weiteren Mitarbeitern veranstaltet, in der unterschiedlichste Fragestellungen vorgestellt wurden. Diese sollten es den Mitarbeitern ermöglichen, sich mit dem Sinn des Unternehmens zu verbinden oder auch den eigenen Sinn in den aktuellen Aufgaben und Tätigkeiten zu finden. Es erfolgten im Wesentlichen positive Rückmeldungen zu diesen Fragen. Diese Rückmeldungen sind im Anhang 1, Übung Nr. 4 ausführlich aufgelistet. Beispiele daraus: der Blick wird auf das Praktische gerichtet, ermöglicht Selbstreflexion und Sinnfindung und stellt das Vertrauen als Voraussetzung für die Sinnfindung im Alltag dar.

Vertrauen geben und selbstverantwortliche Arbeit unterstützen

Wenn Mitarbeiter in ihrer Arbeit Authentizität und Werte vorleben, sollten sie auch eine Möglichkeit erhalten, eigene und selbstverantwortliche Entscheidungen zu treffen. Entscheidungen, die durch Mitarbeiter selber getroffen sind, können besser umgesetzt werden, da sie nicht von Vorgesetzen oder dem Management aufgezwungen sind. Damit kommt jedoch die Führungskraft in den eigenen Konflikt zwischen Vertrauen und Kontrolle. Deswegen ist es für die Führungskraft wichtig zu verstehen, wie sie selbst zur Frage des Vertrauens steht und ob sie bereit ist, wirklich die Kontrolle abzugeben. Vertrauensbildung kann durch Dialogische Führung entstehen.[97] Einige wichtige Punkte daraus sind:

- jeden als Individuum zu verstehen, ohne sich dabei auf Sympathie oder Antipathie zu konzentrieren;
- Transparenz schaffen: Informationen teilen, Vertrauen in die Abläufe sowie Klarheit über getroffene Entscheidungen geben
- Vertrauen in gemeinsame Ziele sowie gemeinsamer Austausch und Ideenbildung: Wohin sollen wir gemeinsam gehen? Entschluss und Vertrauen in die Verantwortungsfähigkeit des Anderen geben.

---

[97] Vgl. Dietz & Kracht, 2002, S. 117-119

Frage zur Selbstreflexion:

Versteht der Mitarbeiter den Sinn seiner Aufgaben? Zwinge ich ihm meine Entschediungen auf oder kann er die Entscheidungen eigenverantworlich treffen? Wichtig ist auch die eigene Reflexion der Führungskraft wie beispielsweise anhand der Fragestellung: kenne ich meinen Sinn und meine Werte?

Mitarbeiter unterstützen die eigene Werte und Authentizität leben

Nach MALIK hilft ein wirksamer Manager dem Mitarbeiter Sinn in seiner Tätigkeit zu sehen und schafft Bezug auf die Wirksamkeit der Ausführung (sogar dann, wenn die Tätigkeit selbst keine Freude bereitet). So hilft der Manager dem Mitarbeiter seine Einstellungen, sein Denken und Handeln auf das auszurichten, was Organisation und Gemeinschaft brauchen.[98] Nach ULRICH sind diejenige Manager „großartig", die eine Wichtigkeit in der Sinngebung erkennen und den Mitarbeitern helfen, die Sinnfindung zu verstehen.[99] Führungskräfte dürfen nicht davon ausgehen, dass sich die Mitarbeiter Ihrem Beitrag oder Sinn bewusst sind. Es ist daher die Aufgabe der Führungskraft den Mitarbeiter anzuregen darüber nachzudenken.[100] Als praktisches Beispiel hierzu kann folgender Ansatz verwendet werden: einmal jährlich mit den Mitarbeitern im Jahresgespräch beispielsweise die Frage zu beantworten, was sie im Unternehmen konkret tun: „Ich sorge hier dafür das......"[101]

Die Werte sind ein wichtiger Baustein der Unternehmenskultur. So zeigen Studien, dass die Mitarbeitenden einen starken Wunsch nach Vereinbarung von eigenen Werten und denen des Unternehmens sowie den eigenen Zielen und deren Einbettung in eine Gemeinschaft haben.[102] Somit ist es wichtig, dass die Führungskraft sich von der einen Seite selber besser kennenlernt und sich über ihren Sinn und ihre Werte klar wird. Jedoch ist es ebenso wichtig, dass die Führungskraft ihre Mitarbeiter auf der anderen Seite unterstützt, damit sie im Prozess der täglichen Arbeit authentisch sein und eigene Werte vorleben können. Wenn Führungskräfte Mitarbeiter stärken und dazu motivieren, den übergreifenden Sinn des Unternehmens mit den eigenen Werten in Einklang zu bringen, fordert es zusätzlich die Kreativität und Motivation.[103]

---

[98] Vgl. Malik, 2014, S. 90-91
[99] Vgl. Ulrich, 2010, S. 7
[100] Vgl. Malik, 2014, S. 101
[101] Vgl. Malik, 2014, S. 100

[103] Vgl. Canwell & Tony, 2018

Sinn kommunizieren

Für eine Führungskraft in Purpose Driven Organisations ist eine offene und sinnstiftende Kommunikation sehr wichtig. Nach (Pascarella & Frohman, 1989) ist es von Bedeutung, dass Führungskräfte den Sinn kommunizieren können.[104] Kommunikative und rhetorische Fähigkeiten des Managements in der Vermittlung des Sinnes hat MURRAY als eine der vier wichtigen Eigenschaften des Purpose Driven Leadership genannt.[105]

So werden in dem Buch „North Star" folgende kommunikative Fertigkeiten empfohlen: 1. Der Sinn in einfache, täglich verwendete Worte zu übersetzen um Komplexität zu vermeiden; 2. den Sinn emotionalisieren und Mitarbeitern den Raum für die Kommunikation ihrer Erfahrungen geben; 3. Sinn als Geschichte erzählen und mit allem verbinden, was passiert ist; 4. Sinn teilen und Botschafter des Sinnes finden und zusätzlich Zeit für Kommunikation mit den Menschen aufwenden.

Visionen schaffen und klare Bilder vermitteln

Die Fähigkeit des Managmenents, klare Visionen zu erzeugen, nennt Kobi als Teil des kulturbewussten Managements. (Kobi, 2008, S. 75) Außerdem sollten, wenn neue Werte oder ein Sinn gefunden wird, Führungskräfte die emotionale Energie daran setzen, klare Bilder und Visionen zu schaffen und Mitarbeiter dabei mit einbeziehen.[106] Mangelnde Glaubwürdigkeit / Vorbildfunktion wird hingegen als typischer Fehler genannt, an denen die Veränderungsprozesse in einem Unternehmen scheitern[107].

6.3 Teamarbeit: Eigenschaften und Kompetenzen der Führungskraft in der Teamarbeit

Jedes Team hat eine eigene Kultur und entwickelt im Laufe der Zusammenarbeit gemeinsame Werte. Um ein Team kennen zu lernen ist es hilfreich, auf jede einzelne Persönlichkeit einzugehen, um sie besser verstehen zu können. Es existieren unterschiedlichste Glaubensätze der Mitarbeiter sowie versteckte und vielleicht selbst dem Team nicht offensichtliche Annahmen, auf denen die Handlungen basieren. Es ist wichtig diese heraus zu filtern, darüber hinaus die Werte des Teams kennen zu lernen

---

[104] Vgl. Pascarella & Frohman, 1989, S. 18
[105] Vgl. Murray, 2017
[106] Vgl. Ulrich, 2010, S. 29
[107] Vgl. Klimmer, 2009, S. 221

und WIE das Team gemeinsam arbeitet.[108] Als typischer Fehler in Veränderungsprozessen wird die Fehleinschätzung der Bedeutung von Emotionen und gruppendynamischen Prozessen sowie unangemessenen Reaktionen auf Widerstände genannt.[109] In diesem Zusammenhang kann auf das innovative und global agierende Unternehmen Google verwiesen werden. Es hat zehn Arten herausgefunden, die eine gute Führungskraft ausmachen. Einige davon beziehen sich auf die Arbeit im Team. Eine Führungskraft sollte: ein Umfeld schaffen, das Erfolg und Wohlbefinden vereinbart; eine klare Vision für das Team haben; die gemeinsame Arbeit auf das Ziel des Unternehmens ausrichten.[110]

Gemeinsamen Sinn finden

Menschen sind aus ihren Grundbedürfnissen erwachsend gemeinschaftsorientierte Wesen. Wir können uns nur in Gemeinschaft entwickeln. Durch das Mitwirken untereinander und durch das Eintreten in Beziehung miteinander kann jeder Einzelne sein Potenzial entwickeln und entfalten. Diese Beziehungen können dann herausgebildet werden, wenn eine Gemeinschaft ein bestimmtes Ziel verfolgt und sich zum Zweck der Erreichung dieses Zieles herausformt. So nach Hüther *„Dann kommt es zwangsläufig darauf an, dass sich jedes Mitglied an diesem zu erreichenden Ziel orientiert"* (Spiegel, 2015, S. 93-95). Dadurch verliert die Gemeinschaft an Komplexität. Wichtig dabei ist, dass kein Druck und Zug aufgebaut wird, damit jeder erkennen kann, wo er sein Potential einbringen und sich an Aufgaben mit Freude und Leichtigkeit beteiligen kann.[111] Auch nach Canwell und Tony gehört die Fähigkeit eine gemeinsame Sinn-Kultur im eigenen Team zu kreieren, zu den entscheidenden Kompetenzen der Führungskraft.[112]

Murray nennt das Finden von einem gemeinsamen Sinn als eine der Hauptaufgaben von Führungskräften.[113]

---

[108] Vgl. Migge, 2014, S. 480-482
[109] Vgl. Klimmer, 2009, S. 221
[110] Vgl. Weck, 2019
[111] Vgl. Spiegel, 2015, S. 93-95
[112] Vgl. Canwell & Tony, 2018
[113] Vgl. Murray, 2017, S. 125

Nach dem Sinn ausrichten

Nicht jede Abteilung kann das Gefühl haben, einen Beitrag, gemessen am Sinn des Unternehmens, zu leisten. Hier kann die Führungskraft das Team unterstützen, um herauszufinden, was der eigene Sinn des Teams ist und welchen eigenen Beitrag es zum gesamten Unternehmensbeitrag leisten kann. Somit wird das „WIR-Gefühl" gestärkt und unterstützt die Ausrichtung der eigenen Aufgaben am Sinn.[114]

Ein gemeinsames Ziel stärkt die Zusammenarbeit und unterstützt die innovative Kraft des Unternehmens. Wenn unterschiedliche Teams auf ein Ziel gerichtet sind arbeiten sie effektiver und kreativer.[115] Hier sollten die Führungskräfte - auch wenn sie gute Spezialisten im Fachgebiet sind - die Ganzheit des Unternehmens im Auge behalten und sich nicht nur auf den eigenen Arbeitsbereich konzentrieren.[116]

Das „WIR-Gefühl" oder die Identität beeinflussen sowohl positiv als auch negativ die produktive Energie innerhalb des Unternehmens. Die Identifikation mit den Unternehmenszielen wirkt stärkend für die Erreichung gemeinsamer Ziele. Eine starke Identifikation, die auf die Zukunft ausgerichtet ist, hilft, eine hohe und produktive Energie entstehen zu lassen[117]. Diese Identität hat sich in zwei zentralen Inhalten qualitativer und quantitativer Forschung gezeigt: Perspektive und Stolz (zitiert nach Bruch/Böhm 2004 von (Ringlstetter, Kaiser, & Müller-Seitz, 2006)).

Perspektive zeigt, wie ein Unternehmen ein klares Zukunftsbild verfolgt (langfristige Vision), seine Strategie (mittelfristige Strategie) nach diesem Bild ausrichtet und im unternehmerischen Tun verankert (kurzfristige Initiativen).[118] Für die Förderung von Zukunftsperspektive braucht es demnach klare und verständliche Visionen und Strategien. Eine Unternehmenskultur, die den bestehenden Status immer wieder hinterfragt, so wie eine klare Kommunikation über die Ausrichtung und über die Ziele verfolgt, spielt in der Stärkung der Zukunftsperspektive eine gewichtige Rolle.[119]

Stolz bedeutet, auf gemeinsame Errungenschaften und das Unternehmen stolz zu sein. Dieser Stolz leitet sich aus den vergangenen Erfolgen und aus den Besonderheiten und Stärken des Unternehmens ab. Dazu gehören besondere Werte und Elemente

---

[114] Vgl. Gloger & Rösner, S. 61-69

[115] Vgl. Murray, 2017, S. 40

[116] Vgl. Malik, 2014, S. 95-97

[117] Vgl. Ringlstetter, Kaiser, & Müller-Seitz, 2006, S. 171-172

[118] Vgl. Ringlstetter, Kaiser, & Müller-Seitz, 2006, S. 173

[119] Vgl. Ringlstetter, Kaiser, & Müller-Seitz, 2006, S. 182

der Kultur, auf die die Mitarbeiter stolz sein können. Wenn Stolz nicht ausgeprägt ist, so verstehen sich die Mitarbeiter als Individuen und nicht als Teil eines großen Ganzen.[120] Der Stolz wird in Unternehmen durch die Einführung von unterschiedlichen Ritualen, welche die Verbundenheit mit dem Unternehmen zeigen, unterstützt.[121]

6.4 Organisation: Verhalten und Kompetenzen der Führungskraft in Bezug auf die Organisation

Wie in Abbildung 5 (Seite 20) zu erkennen ist, sind die Komponenten und Wirkungszusammenhänge des Transformationsmanagements ein Wandlungsprozess und werden durch das Top-Management getrieben. Gleichzeitig sind die Änderungen der Strategie und die Gestaltung der Programme die Erfolgskomponente, die durch das Top-Management gelebt werden. Eine wesentliche Komponente dabei ist die Kommunikation. Denn das Realisieren dieser Strategien beeinflusst das Verhalten und die Einstellung aller Beteiligten. Murray zitiert auch Jim Collins und Jerry Porras aus dem Buch „Built to Last: Successful habits of visionary companies "(1994). Er stellt dabei heraus, dass das Unternehmen einen gemeinsamen Sinn und Werte haben sollte, die kontinuierlich stabil bleiben. Lediglich deren Strategie muss sich den Veränderungen der Welt anpassen.[122]

Entscheidungen und Handlungen mit dem Sinn verbinden

Um eine Änderung der Einstellung und des Verhaltens der Mitarbeiter zu erwirken und dies in der Unternehmenskultur zu verankern, muss dem Management und den Führungskräften klar sein, dass sich Ihre Entscheidungen und Strategien nach dem Sinn richten sollten. *„Jede Entscheidung sollte zuerst nach dem Sinn betrachtet und geprüft werden. Einige Entscheidungen können sich dabei auch als sinnneutral erweisen. Zweck darf jedoch keinesfalls nur eine Marketingfrage oder die Positionierung des Markenimages sein. Der Zweck sollte sich auf jeden Aspekt der Firma auswirken "*, sagte Raj Sisodia, Autor von Conscious Capitalism. Der Zweck des Unternehmens soll die Entscheidungsfindung rationalisieren. *„Es ist eine Inside-Out- und nicht ein Outside-In-Strategie: Sie prüfen nicht nur, wo sich Möglichkeiten befinden und wo Sie viel Geld verdienen können, um zu entscheiden, wo Sie sein sollten. Sie entscheiden, wo sie strategisch sein wollen, basierend auf dem, was sie tun möchten "*, sagte Michael Beer, emeritierter

---

[120] Vgl. Ringlstetter, Kaiser, & Müller-Seitz, 2006, S. 172-173
[121] Vgl. Ringlstetter, Kaiser, & Müller-Seitz, 2006, S. 183
[122] Vgl. Murray, 2017

Cahners-Rabb-Professor für Betriebswirtschaftslehre an der Harvard Business School und Direktor des Center for Higher Ambition Leadership.[123]

Eine so genannte „Sinn Linse" hilft dabei für das gesamte Unternehmen in eine gemeinsame Richtung zu gehen. Vorschläge von Canwell & Tony dazu lauten: benutze den Sinn als eine Linse für alles was sie (Management) machen; lass sie sich von dem Sinn bei den Fragestellungen begleiten, was sie als Angebot am Markt platzieren, wie Sie ihre Kunden behandeln und wie sie die Mitarbeiter in ihre Arbeit einbinden. Kommunizieren sie diese und andere Geschichten für alle Beteiligten.[124]

Führungskraft versteht den Sinn und verfügt über klare Visionen und Maßnahmen zu dessen Verwirklichung

Murray hat in seinen Untersuchungen herausgefunden, dass die Transformation des Sinnes hinein in die Unternehmenskultur zusätzlich eine langfristige und perspektivische Entwicklung verlangt.[125] Diese Prozesse dauern in der Regel länger, da Werte und Kultur meistens unsichtbar sind und inoffiziell an Mitarbeiter und Führungskräfte weitergegeben werden. Es dauert einige Zeit bis formulierte Visionen und Leitbilder von der Mehrheit akzeptiert und im Alltag gelebt werden.[126] Daher ist es wichtig am Anfang des Veränderungsprozesses eine bestimmte Richtung und den Sinn der Veränderung aufzuzeigen.

Ein Leitbild sowie eine Endvision können einen guten Rahmen bieten, um die geplanten Veränderungen nach einem bestimmten Zeitintervall zu überprüfen und zu modifizieren.[127] Eine klare Zielsetzung, mit Glaubwürdigkeit verkündete Visionen und Veränderungen, die zusätzlich persönlich vom Management vorgelebt werden, sowie sichtbare Zustimmung und Engagement für diese Veränderungen werden als Erfolgsfaktoren genannt. Wenn das Top-Management unklare oder unrealistische Zielsetzung ausgibt und nicht ausreichend hinter der Veränderung steht, kann mangelnde Glaubwürdigkeit zum Scheitern dieses Prozesses führen.[128]

---

[123] Vgl. Harvard Business Review, 2019, abgerufen am 17.09.2019
[124] Vgl. Canwell & Tony, 2018
[125] Vgl. Murray, 2017, S. 21
[126] Vgl. Klimmer, 2009, S. 210
[127] Vgl. Vahs, 1999, S. 296
[128] Vgl. Klimmer, 2009, S. 221

Weitere Empfehlungen, um den Erfolg der Veränderung zu unterstützen sind: Sinn in Strukturen und Prozessen erlebbar machen; Sinn zu einer Richtschnur erheben anhand dieser alle bereits vorhandenen Routinen geprüft werden.[129]

6.5 Methodik

Im Weiterem werden unterschiedliche Werkzeuge dargestellt, die Führungskräfte in diesem Prozess unterstützen können. In Anhang 1 sind zudem Übungen und Methoden aufgeführt, welche die Autorin in diversen Konstellationen ausgearbeitet und in Arbeitsgruppen erprobt hat. Ergänzt wurden diese um das Feedback der Teilnehmenden.

6.5.1 Methodik für Selbstreflexion und Mitarbeiterführung.

Um die Mitarbeiter dabei zu unterstützen sowohl ihren eigenen Sinn zu finden als auch die Motivationstreiber der Mitarbeiter selbst als Führungskraft zu verstehen, gibt es demnach eine Vielzahl von Möglichkeiten, die im Folgenden Kapitel aufgelistet werden. So empfiehlt zum Beispiel ULRICH die Sinnmatrix zu benutzen, um einen Sinntreiber (eigenen oder den der Mitarbeiter) zu finden und dadurch sich selber als auch die eigenen Mitarbeiter besser kennen zu lernen. Wenn eine Führungskraft herausfinden kann, was den Mitarbeiter treibt, kann sie ihn besser führen und ihm Aufgaben übertragen, die seine inneren Motivatoren ansprechen.[130]

Sinnmatrix

Die Treiber sinnerfüllter Arbeit beschreibt die Sinnmatrix von Rosso, Dekas und Wrzesniewski. Die hier dargestellte Version ist nach Rose übersetzt und erweitert.[131]

Die Matrix besteht aus zwei Achsen und vier Quadranten (sehe Abbildung 11). Die vertikale Achse symbolisiert den Sinntreiber, der sich zwischen der individuellen Ebene, die die Person selbst betrifft (Tun, Wirkung) und dem Individuum als Teil der Gruppe (Sein, Verbindung) bewegt. Auf der horizontalen Achse ist der Sinntreiber entweder auf die Person selbst (Selbst) oder auf andere (Andere) in seiner Auswirkung gerichtet. So kann jeder einzelne Quadrant separat oder aber auch im Zusammenhang mit- und untereinander betrachtet werden.

---

[129] Vgl. Lipkowski , 2019, S. 26-27
[130] Vgl. Ulrich, 2010, S. 92-93
[131] Vgl. Rose, 2019, S. 259-262

Abbildung 11: Sinnmatrix
(Rose, 2019, S. 260)

Der obere rechte Quadrant zeigt die Sinntreiber, die ein Mensch durch seine Arbeit, Wirkung und Tun für andere erzielt. In einem kundenorientierten Unternehmen können diese beispielsweise Kunden sein. In einem Unternehmen mit höheren gesellschaftlichen Zielen können dies Umwelt oder Gesellschaft sein, die vom Zweck des Unternehmens profitieren. Dieser Faktor wird also stark vom Sinn des Unternehmens beeinflusst.

Der untere rechte Quadrant hingegen integriert Faktoren wie persönliche Bindung oder organisationale Identifikation. Es sind persönliche Bindungen und Beziehungen die Menschen in der Arbeit erleben. Beziehungen zu Kollegen, aber auch Beziehungen zu bestimmten Teilen der Organisation.

Der linke untere Quadrant symbolisiert die Persönlichkeit selbst. Hier ist ausschließlich das abgebildet, was unsere Persönlichkeit ausmacht: Stärken und Schwächen, Hoffnungen und Ziele, Motive und Werte, somit alles, womit wir uns selber identifizieren. Dieser Quadrant ist nicht für alle verständlich, wird aber wichtig, wenn wir die Führungsrolle betrachten, da genau dies durch den Führungsstill beeinflusst wird.

Der linke obere Quadrant zeigt abschießend die Komponenten, die für Freude am Arbeitsplatz wichtig sind und wie viel Wirksamkeit und autonomes Handeln eine Person am Arbeitsplatz erleben kann.

Damit können wir verstehen, dass die Sinntreiber am Arbeitsplatz auf unterschiedlichen Ebenen einzuordnen sind: Persönliche-Ebene, Beziehungs-Ebene, Äußere Welt und Organisations-Ebene.

Duncan empfiehlt Führungskräften diese Matrix als Indikator zu nutzen, um die inneren Treiber der Mitarbeiter herauszufinden und ihnen dazu passende Aufgaben zu übertragen. Für die Führungskraft ist es seiner Meinung nach essenziell wichtig, dass eine gute Verbindung zwischen dem inneren motivierenden Sinn des Mitarbeiters und dem Sinn des Wirtschaftens des Unternehmens gefunden wird.[132]

Fragen zur Selbstbeobachtung und Selbstreflexion:[133]

- Bin ich bereit als Führungsperson meinen Mitarbeiten Vertrauen zu schenken?

- Welche Annahmen / Überzeugungen habe ich in Bezug auf meine Mitarbeiter?

- Wie viel Selbstführung kann ich wem anvertrauen und wen muss ich begleiten?

- Nehme ich den einzelnen Menschen als Individuum ernst? Frage ich meine Mitarbeiter in Gesprächen nach ihren Meinungen, Erfahrungen und Ideen oder möchte nur ich meine Ideen durchsetzen?

Fragen zur Selbsteinschätzung[134]:

- Ist mein Handeln gegenüber meinen Mitarbeitern in sich stimmig und kohärent bzw. agiere ich als Vorbild? Welche Beispielsituationen und typischen persönlichen Verhaltensweisen kommen mir dazu in den Sinn?

- Gibt es Mitarbeiter, die ich in Bezug auf diese Bedürfnisse bevorzuge bzw. vernachlässige? Warum ist das so?

---

[132] Vgl. Ulrich, 2010, S. 99

[133] von der Autorin erweiterte Fragen aus diversen Coaching-Übungen

[134] Vgl. Mourlane, 2015, S. 248

- Was sollte ich auf Basis dieser Analyse beibehalten, was sollte ich anders machen? Was nehme ich mir entsprechend vor?

Frage zur Resonanz des eigenen Sinnes mit dem Sinn des Unternehmens:[135]

Die Autorin stellte in ihrem Unternehmen folgende Frage zur Selbstreflexion:

- Was hat meine persönliche Sinnfindung mit dem Sinn / Leitbild des Unternehmens gemeinsam?

Das Feedback auf diese Frage war durchaus positiv. Einige Befragte haben angegeben, dass es sinnvoll ist, sich mit dieser Frage zu beschäftigen, da es den Sinn wieder reaktivieren kann. Zudem wurde erklärt, dass es wichtig ist, dass Kollegen und Vorgesetzten ebenfalls in diese Richtung denken.

Methodik für Mitarbeitergespräche[136]

Folgende Fragestellungen können als Basis für Mitarbeiter- und Teamgespräche herangezogen werden:

- Was sind meine aktuellen Aufgaben oder Tätigkeiten? Erfülle ich diese und diene ich mit meinem Tun dem Sinn? Sehe ich mich in den Gesamtzusammenhang sinnvoll eingebunden?
- Wenn ich mich mit dem Sinn des Unternehmens vollkommen verbinde, wie übe ich meine Tätigkeiten aus? (möglichst konkret beschreiben oder vorstellen) Ist mir bewusst, dass ich mit meinem Handeln Einfluss auf die Zukunft nehme?
- Wenn ich mich mit dem Sinn des Unternehmens vollkommen verbinde, was soll ich definitiv nicht tun? Was sollte ich anderes / besser machen?
- Wähle eine Aufgabe oder Tätigkeit aus, die Du nächste Woche besonders achtsam in Verbindung mit dem Sinn des Unternehmens erledigen wirst. Frage Dich anschließend, ob es für alle Beteiligten zufriedenstellend war und gleichzeitig am Sinn des Unternehmens ausgerichtet war.

---

[135]   Von der Autorin erweiterte Fragen aus diversen Coaching-Übungen, Vgl. Migge, 2014

[136] Von der Autorin erweiterte Fragen aus diversen Coaching-Übungen, Vgl. Migge B. , 2016

Sinn in persönlichen Gesprächen hinterfragen

Persönliche Gespräche motivieren Mitarbeiter, um im Dialog der Frage nachzugehen, aus welchem Grund sie täglich ihrer Arbeit nachgehen, was sie an ihren Aufgaben motiviert und welchen Beitrag sie gerne mit ihrer Arbeit leisten möchten. Diese Fragen und Kommunikationsinhalte bindet man beispielsweise immer wieder in kurze Gespräche ein, nutzt sie jedoch genauso im Mitarbeiter-Jahresgespräch.

6.5.2 Methodik für Teambildung

Gemeinsamen Sinn erarbeiten:[137]

Aus der Coaching-Praxis können beispielsweise die logischen Ebenen von ROBERT DILTS[138] eine gute Methode darstellen, um einen gemeinsamen Sinn im Team zu finden. Das Team beschäftigt sich mit den unten genannten Fragen, um gemeinsam ein einheitliches Bild zu erstellen:

Identität:

Die Mitglieder eines Teams stellen sich unterschiedliche Fragen, um festzustellen, wer sie als Team sind. Wie sehen wir uns? Welches innere Bild haben wir von unserem Team? Was sind unsere Leitgedanken? Was sind unsere Vorbilder (deren Image)? Was ist unser Gegen-Vorbild? Was wollen wir als Team nicht sein?

Werte:

Woran glauben wir? Was ist wichtig für uns? Was sind unsere Maßstäbe? Was sind unsere Vorbilder (deren Werte)? Welche Werte lehnen wir ab?

Aufgabe und Vision:

Wofür haben wir uns zusammengefunden? Wo wollen wir hin? Was sind unsere Aufgaben? Was hält uns zusammen? Wohin wollen wir nicht? Was gehört nicht zu unseren Aufgaben?

Fähigkeiten und Verhalten:

Was müssen wir können? Was können wir bereits? Worin sind wir besonders stark? Woran erkennen andere, was wir tun und wie wir es tun? Wie gehen wir miteinander um? Wie gehen wir mit Menschen und Systemen um uns herum um?

---

[137] Von der Autorin erweiterte Fragen aus diversen Coaching-Übungen
[138] Vgl. Migge, 2014, S. 299-303

Raum und Ort:

Wie sehen Räume oder Gebäude aus, in denen wir arbeiten? Welche Atmosphäre schaffen wir dort? Welches Licht scheint und welche Farben finden sich dort? Welche Möbel umgeben uns?

Aufgabe jedes Teammitglieds:

Wer muss sich am meisten ändern? Wer am wenigsten? Was ist jeder bereit zu leisten oder beizusteuern? Auf welcher Ebene hat wer im Team die größte Kompetenz? Was genau muss jedes Teammitglied tun, um die vereinbarten Prozesse zu verbessern oder einzuhalten?

Zielformulierung und Visualisierung:

Die gesammelten Antworten werden in klar formulierte Ziele umgewandelt. Aus den Bildern, Symbolen und Leitsätzen der Identitätsfragen wird eine Collage erstellt. Hieraus wird ein neues Logo, Teammetapher, Flagge oder ein Wappen kreiert.[139]

Sinn des Teams mit dem Sinn des Unternehmens verbinden.[140]

Jedes Team hat unterschiedliche Aufgaben, Vorgehensweisen und Arten der Zusammenarbeit im Unternehmen. Man nimmt sich mit dem / seinem Team mindestens eine Stunde Zeit und bespricht gemeinsam folgende Inhalte:

- Was bedeutet es konkret für unser Handeln, wenn wir über den Sinn des Unternehmens nachdenken?
- Wo handeln wir schon jetzt nach diesem Sinn?
- Worauf möchten wir uns als Team in den nächsten 1-3 Monaten besonders fokussieren, um kontinuierlich mehr in Verbindung mit dem Sinn des Unternehmens zu gelangen?

Kulturellen Kern im Team ausarbeiten.[141]

Als Einführung kann die Erklärung zum kulturellen Kern dienen (siehe Kapitel 3.2). Anschließend wird im Team an unterschiedlichen Schichten gearbeitet. In kleinen Gruppen werden Antworten gesammelt und ein gemeinsames Schichten-Bild erstellt.

---

139 Vgl. Migge, 2014, S.482-483
140 Von der Autorin erweiterte Fragen aus diversen Coaching-Übungen
141 Vgl. Nowak, 2015, S. 258-259

Kulturanalyse:

Folgende Fragen können hierzu als Leitfragen hilfreich sein:

- Welche Kulturelemente sind hinderlich, welche sind förderlich?
- Welche Widersprüche existieren zwischen offiziellen Regeln und gelebter Wirklichkeit?
- Welche der Schichten sind tragfähig, welche sollten überarbeitet werden?

Die Schichten lassen sich mit folgenden Fragen näher beschreiben:

„**Schicht 1**: Symbole, die für alle nach außen sichtbar sind

- Was drücken Gebäude und Empfangsbereiche aus?
- Was und wie wird nach außen und innen kommuniziert (Logo, Corporate Design, Anzeigen, Werbung)?
- Welches gesellschaftliche Engagement wird vom Unternehmen gesponsert?
- Für welches Image stehen die Produkte und Dienstleistungen?
- Wie treten die Mitarbeiter auf?

Schicht 2: Führung und ihr Verhalten

- Wie verhalten sich die Führungskräfte?
- Für welches Verhalten sind sie Vorbilder?
- Wofür sprechen sie Lob aus?
- Welche Statussymbole existieren?
- Welche Mitarbeiter gelten als erfolgreich?

Schicht 3: Helden, Legenden und Geschichten

- Welche „Helden" gibt es? Worin bestanden ihre Taten oder Verdienste?
- Von welchen Kämpfen der Vergangenheit wird heute noch berichtet?
- Welche Legenden aus der Anfangszeit gibt es?

Schicht 4: Soziales Miteinander und Rituale

- Welche Traditionen werden gepflegt?

- Wie werden neue Mitarbeiter begrüßt und Alte verabschiedet?

- Welche Formen von Anerkennung gibt es?

- Was sind typische „Flurgespräche"?

- Was und wie wird gemeinsam gefeiert?

Schicht 5: Ziele, Strategien und Regularien

- Welche Formulierungen finden sich im Unternehmensleitbild?

- Welche Führungsprinzipien gelten?

- Welche expliziten Strategien gibt es?

- Wie lauten die Unternehmensziele und wie werden sie umgesetzt?

- Was ist in der Lieferanten- und Beschaffungspolitik formuliert?

- Wie sieht der Organisationsplan aus?

Schicht 6: Prämissen, Haltungen und Grundwerte (kultureller Kern)

- Was glaubt die Organisation über sich und die Außenwelt (Wirklichkeitskonstruktion)?

- Welche Grundwerte vertritt sie?

- Was hält die Organisation im Innersten zusammen?

- Womit identifizieren sich die Organisationsmitglieder am stärksten?"

(Nowak, 2015, S. 258-259)

Sinn erlebbar machen[142]

Wie können Außenstehende bemerken, dass der Sinn in unserem Unternehmen integriert ist und nach ihm richtig gelebt wird?

Folgende Fragen können hierzu hilfreich sein:

- Was erleben Außenstehende bei uns auf dem Gelände, in Gebäuden und Büros (Atmosphäre)? Was erleben sie NICHT?
- Bemerken Außenstehende den Sinn anhand unserer Produkte und Dienstleistungen?
- Können Außenstehende den Sinn anhand unserer unternehmerischen Handlungen wahrnehmen?
- Wie nehmen Außenstehende unsere Haltungen und den Umgang miteinander im Unternehmen wahr?

Praxis des leeren Stuhls

Wenn der Sinn verstanden ist, kann dieser Sinn in den alltäglichen Ablauf und die Entscheidungsfindung integriert werden. Die Führungskraft kann in täglichen Gesprächen den Sinn des Unternehmens in die Kommunikation aufnehmen. Wenn über wichtige Entscheidungen im Team diskutiert wird, kann sie die Mitarbeiter anhalten und auffordern, selbst die Verbindung zum Sinn der Organisation herzustellen. Diese Integration kann beispielsweise mit der Methode des leeren Stuhls umgesetzt werden: bei Teamsitzungen wird ein leerer Stuhl hinzu gestellt, der das Unternehmen repräsentiert. In der Entscheidungsfindung wird der Stuhl befragt, ob der Vorschlag im Sinne des Unternehmens gedacht war.[143]

---

[142]   Von der Autorin erweiterte Fragen aus diversen Coaching-Übungen

[143] Vgl. Laloux, 2014, S. 280-281

7 Zusammenfassung

In dieser Arbeit hat sich die Autorin mit der aktuellen „Manager Mode", nach dem Sinn des Unternehmens zu suchen, und der daraus erwachsenden neuen Rolle der Führungskraft in diesen Organisationen auseinandergesetzt. Wie ihre Recherchen gezeigt haben, ist die Vorbild-Rolle der Führungskraft sehr wichtig, um einen Unternehmenssinn in den Kulturkern des Unternehmens zu implementieren. Dabei darf die Führungskraft die Tatsache nicht aus dem Auge verlieren, dass die Kultur eines jeden einzelnen Individuums die Unternehmenskultur beeinflussen kann. Um einen Unternehmenssinn zu leben, müssen Mitarbeiter in Resonanz mit dem eigenen Sinn oder Werten kommen. Dabei sollte der Sinn nicht als ein einfaches Ziel vorgegeben werden, sondern vielmehr emotional auf die Mitarbeitenden wirken. Eine authentische Haltung und die Fähigkeit der Führungskräfte, den Sinn klar, einfach und eindeutig zu kommunizieren sowie in den eigenen Entscheidungen und Handlungen erlebbar zu machen, ist der Schlüssel für eine erfolgreiche Umsetzung. Denn wenn der Sinn nicht gelebt wird, kann die Suche nach dem Sinn im äußersten Fall zur innerlichen Kündigung der Beteiligten führen. Dieser Einwand ist von hoher Relevanz, da die Sinnhaftigkeit, die mit Werten und Idealen verbunden ist, etwas ist, was nicht gegeben werden kann. Denn den Sinn muss jeder für sich selbst finden.

Die von der Autorin ausgearbeiteten Verhalten und Kompetenzen des „Good-Future-Leadership (GFL)®" ermöglicht es den Führungskräften, den persönlichen Mitarbeiter Sinn mit dem Sinn des Unternehmens zu verbinden. Führen nach dem Sinn bedeutet auch, einen starken Akzent auf Selbstreflexion zu setzen. Das beinhaltet die Beobachtung des eigenen Handelns sowie die Fähigkeit, eigene Interessen und Ambitionen für ein gemeinsames Ziel aufzugeben oder anzupassen.

Außerdem ermöglicht dieses Konzept zu verstehen, wie eine Führungskraft die Teamarbeit gestalten und seine Tätigkeit an dem Sinn des Unternehmens orientieren kann. Im Bezug auf die gesamte Organisation zeigt es, wie der Sinn mit den Strategien und Entscheidungen in Verbindung steht. „Good Future Leadership (GFL)®" wird als Name gewählt, da die persönliche Ausrichtung der Führungskraft, aber auch das Unternehmen selbst an den höheren Zielen es ermöglicht, dass Unternehmen den Herausforderungen der Gesellschaft und Umwelt begegnen und darauf ein positive Antwort geben.

Hier noch einmal zusammengefasst die wichtigsten Kompetenzen:

Bereich	Verhalten und Kompetenzen für „Good-Future-Leadership (GFL)®" (eigene Ausarbeitung)
Persönlichkeit der Führungskraft	Selbstreflexion / eigenen Sinn finden Empathie Vorbild und Authentizität Anderem und höherem Ziel dienen
Mitarbeiter Führung	Vertrauen geben und selbstverantwortliche Arbeit unterstützen Mitarbeiter unterstützen die eigene Werte und Authentizität leben Sinn kommunizieren Visionen schaffen und klare Bilder vermitteln
Team	Gemeinsamen Sinn finden Nach dem Sinn ausrichten
Organisation	Entscheidungen und Handlungen mit dem Sinn verbinden Führungskraft versteht den Sinn und verfügt über klare Visionen und Maßnahmen zu dessen Verwirklichung

Tabelle 2: Verhalten und Kompetenzen für „Good-Future-Leadership (GFL)®"
(eigene Ausarbeitung)

Es braucht sehr viel Mut und den Eigenen Willen der Geschäftsleitung sowie der Führungsebene, diesen Weg zu gehen, vor allem mit den eigenen Ängsten umgehen zu lernen. Dies bringt für Führungskräfte der Zukunft neue Herausforderungen.

Obwohl der Weg zu einer Purpose Driven Organisation aus dem ersten Blickwinkel eine reine Modererscheinung sein kann, zeigt es, dass die Unternehmen von dieser Bewegung auch finanziell profitieren können. Außerdem profitieren Unternehmen, die es schaffen, Raum für persönliche Entwicklung zu geben, indem Mitarbeiter sich selbst zeigen können, eigene Werte leben können, Verantwortung übernehmen sowie Entscheidungen treffen können, von motivierten und kreativen Mitarbeitern.

Deswegen möchte die Autorin möglichst viele Führungskräfte dazu motivieren, sich mit der Frage des Sinnes der eigenen Arbeit aber auch des Unternehmens, in dem sie tätig sind, zu beschäftigen und in der Folge die Mitarbeiter nach diesem Sinn zu führen.

Literaturverzeichnis

A.Schoiswohl, M. (2016). *Vernetze Mitarbeiter, stifte Sinn.* Wiesbaden: Springer Gabler.

Ayberk, E.-M., Kratzer, L., & Linke , L.-P. (2016). Wozu sind wir da? *Manager Seminare*, 35-40.

Begel, J., & Lyssenko, L. (2012). *Resilienz und psychologische Schutzfaktoren im Erwachsenenalter.* Köln: Bundeszentrale für gesundheitliche Aufklärung.

Buchacher, W., Kölblinger, J., Roth, H., & Wimmer, J. (2015). *Das Resilienz-Training.* Wien: Linde International.

Butzman, D. (24. 04 2019). *Handelsblatt.* Von Die Frage nach dem Warum: Was unserer Arbeit Bedeutung verleiht: https://amp.handelsblatt.com/unternehmen/management/unternehmensk ultur-die-frage-nach-dem-warum-was-unserer-arbeit-bedeutung-verleiht/24225480.html abgerufen 03.09.2019

Canwell, A., & Tony, C. (2018). *Leadership Series, Purpose-Driven Leadership.* DDI, The Conference Board and EY.

Cashman, K. (17. November 2017). *Success.* Von Success: https://www.success.com/8-principles-of-purpose-driven-leadership/ abgerufen 03.09.2019

Craig, N., & A. Snook, S. (Mai 2014). *Harvard Business Review.* Von Harvard Business Review: https://hbr.org/2014/05/from-purpose-to-impact?referral=03759&cm_vc=rr_item_page.bottom abgerufen am 17.09.2019

Dörner, A., & Schäfer, D. (24. 04 2019). *Handelsblatt.* Von Handelsblatt: https://app.handelsblatt.com/unternehmen/sinnsuche-der-wirtschaft-blackrock-ceo-larry-fink-der-kapitalismus-ist-zu-weit-gegangen/24225508.html abgerufen 03.09.2019

Dietz, K.-M., & Kracht, T. (2002). *Dialogische Führung.* Frankfurt/Main: Campus Verlag GmbH.

Dorsch Lexikon der Psychologie. (kein Datum). *Hogrefe.* Von Hogrefe: https://portal.hogrefe.com/dorsch/authentizitaet/ abgerufen 17.09.2019

Duncan, R. D. (29. März 2019). *forbes*. Von The Why Of Work: Purpose And Meaning Really Do Matter: https://www.forbes.com/sites/rodgerdeanduncan/2018/09/11/the-why-of-work-purpose-and-meaning-really-do-matter/#388cc58f68e1 abgerufen 17.09. 2019

E.Frankl, V. (2016). *...trotzdem Ja zum Leben sagen*. München: Kösel-Verlag.

E.Frankl, V. (2017). *Wer ein Warum zu leben hat*. Weinheim Basel: Beltz.

Fink, F., & Moeller, M. (2018). *Purpose Driven Organisations*. Stuttgart: Schäffer-Poeschel Verlag.

Fröndhoff, B., & Scheppe, M. (24. 04 2019). *Handelsblatt*. Von Der Sinn hinter der Arbeit: So benennen die 30 Dax-Konzerne ihren „Purpose": https://app.handelsblatt.com/unternehmen/handelsblatt-umfrage-der-sinn-hinter-der-arbeit-so-benennen-die-30-dax-konzerne-ihren-purpose/24231702.html abgerufen 17.09.2019

Gartenberg, C., Prat, A., & Serafeim, G. (2018. Oktober 2018). *papers.ssrn*. Von https://papers.ssrn.com/sol3/papers.cfm?abstract_id=2840005 abgerufen 17.09.2019

Gloger, B., & Rösner, D. (2017). *Selbstorganisation braucht Führung*. München: Hanser.

Greif, S., Holling, H., & Nigel, N. (1995). *Arbeits- und Organisationspsychologie*. Weinheim: Psychologie Verlags Union.

Grund, M., & Schlegel, M. (2012). Wozu mache ich das alles hier? In S. Markus, & S. Kristin, *Systemisch beraten und steuern live 3* (S. 225-245). Vandenhoeck & Ruprecht.

Harvard Business Review. (30. märz 2019). *ey-the business case for purpose*. Von Harvard Business Review: https://www.ey.com/Publication/vwLUAssets/ey-the-business-case-for-purpose/$FILE/ey-the-business-case-for-purpose.pdf abgerufen 17.09.2019

Heller, J. (2018). *Resilienz für die VUCA-Welt*. Wiesbaden: Spriger.

Imperative and New York University. (2015). *"Workforce Purpose Index."*. Imperative and New York University.

Isaksen, J. (2000). Constructing Meaning despite the Drudgery of Repetitive Work. *Journal of Humanistic Psychology, 40, 84-107.*, 84-107.

Künkel, P. (2016). *Führung mit Sinn.* Wiesbaden: Springer Gabler.

Klimmer, P. M. (2009). *Unternehmensorganisation.* Herne: nwbStudium.

Kobi, J.-M. (2008). *Die Balance im Management.* Wiesbaden: Gabler.

Korn Ferry Institute. (2016). *People on a mission.* Internet Quelle: Korn Ferry.

Krüger, W., & Bach, N. (2006). *Excellence in Change.* Wiesbaden: Gabler Verlag.

Laloux, F. (2014). *Reinventing Organisations.* München.

Leipprand, T., Prof. Allmendinger, J., Ph.D.,Dr.Baumanns, M., & Dr. Ritter, J. (2012). *Jeder für sich und keiner fürs Ganze?* Berlin: Egon Zehnder International.

LinkedIn and Imperative. (2016). *Purpose ar Work, 2016 Global Report.* Linkedin and @Imperative.

Lipkowski , S. (2019). Führungsaufgabe Purpose Sinn machen! *ManagerSeminare,* 20-27. Von Führungsaufgabe Purpose Sinn machen!: https://www.managerseminare.de/SCD/UmFuZG9tSVY8HruflhTEGHQOlagv 4CnOpWCPX7yTehfBLnBsIduffIKNiBN7cGWuogAr1pLuP89CculJOpLSLPijJL kk0YCU8ofk8MyTNYXu6b3m7A=/MS250AR01.pdf abgerufen 17.09.2019

Malik, F. (2014). *Führen Leisten Leben Wirksames Management für eine neue Welt.* Frankfurt am Main: Campus Verlag.

Martela, F., & Steger, M. (2016). The three meanings of meaning in life: Distinguishing coherence, purpose, and significance. *The Journal of Positive Psychology,* 531-545.

Migge, B. (2014). *Handbuch Coaching und Beratung.* Weinheim und Basel: Beltz.

Migge, B. (2016). *Sinnorientiertes Coaching.* Weinheim: Beltz.

Mourlane, D. (2015). *Emotional Leading.* München: dtv.

Murray, K. (2017). *People with Purpose.* London: KoganPage.

Murray, K. (20. Juni 2019). *Leadershipcommunication.* Von Leadershipcommunication: http://www.leadershipcommunication.co.uk/wp-content/uploads/2017/04/Matt-Gould-True-North-Diagram-1.pdf abgerufen

Nauer, J. (2013). *Arbeit. Warum unser Glück von ihr abhängt und wie sie uns Krank macht.* München: 1. Auflage.

Nowak, C. (2015). *70 Modelle für Führung, Coaching und Change Management.* Meezen: Limmer Verlag.

Pascarella, P., & Frohman, M. (1989). *The Purpose-Driven Organisation; Unleashing the Power of Direction and Commitment.* San Fransisco: Jossesy-Bass Publishers.

Prof. Dr. Bruch , H., Färber , J., & Christina, B. (Juni 2018). *Leadership der Zukunft Zwischen Inspiration und Empowerment.* Konstanz: zeag GmbH I Zentrum für Arbeitgeberattraktivität.

Rey, C., Bastons, M., & Sotok, P. (2019). *Purpose-driven Organizations Management Ideas for a Better World.* Barcelona: Springer International Publishing.

Ringlstetter, M., Kaiser, S., & Müller-Seitz, G. (2006). *Positives Management; Zentrale Konzepte und Ideen des Positive Organizational Scholarship.* Wiesbaden: Deutscher Universitäts-Verlag.

Rose, N. (2019). *Arbeit besser machen. Positive Psychologie für Personalarbeit und Führung.* Freiburg: Haufe.

Seligman, M. (2011). *Flourish Wie Menschen Aufblühen.* St.Plöten: Random House.

Sinek, S. (2018). *Frag immer erst: Warum.* München: Redline Verlag. Von https://www.youtube.com/watch?v=u4ZoJKF_VuA abgerufen 17.09.2019.

Spiegel, P. (2015). *WeQ More than IQ Abschied von der Ich -Kultur.* München: Oekom.

Ulrich, D. (2010). *The WHY of WORK: how great leaders build abundant organizations that win.* USA: Mc Graw Hill.

Vahs, D. (1999). *Organisation.* Stuttgart: Schäffer-Poeschel Verlag.

Weck, A. (Juni 2019). *t3n.* Von t3n: https://t3n.de/news/google-beste-chefs-projekt-oxygen-1172456/ abgerufen

Weckmüller, P. D. (2019). Corporate Purpose: Management-MOde oder Must-have? *Personal Magazin,* S.30-33.

Weleda AG. (2019). *Geschäfts- und Nachhaltigkeitsbericht 2018 Weleda Gruppe und Weleda AG.* Arlesheim, Schweiz: Weleda AG.

Anhang 1: Methodik und Feedback zur Methodik

Werkstunde (18.03.2019 und 20.03.2019)

Seit 2017 möchte sich das Unternehmen zu einer selbstführenden Organisation entwickeln. Dafür wurde im Unternehmen die kollegiale Führung eingeführt. Eine der wichtigsten Komponenten, die für diesen Führungsstil wichtig sind, ist der Sinn.

Dieser Sinn wurde in einem bereichs- und hierarchieübergreifenden Team herausgearbeitet. Daraus entstanden unterschiedlichste Handlungen, die im gesamten Unternehme ins Leben gerufen wurden. Eine dieser war die Herausarbeitung eines methodischen Handbuches sowie Mitarbeiter-Workshops für die Aktivierung des Sinnes.

Die Werkstunde für unsere Mitarbeiter zu dem Thema „Sinn und einer Wirkung auf unseren Arbeitstag" fand im März 2019 statt. Anwesend waren ca. 130 Mitarbeitende. In der letzten Phase der Werkstunde wurde in fünf Arbeitsgruppen gearbeitet. Jede Arbeitsgruppe bestand aus 10 bis 20 Mitarbeitern, denen drei Fragen präsentiert wurden. Aufgabe im Anschluss war es im Paargespräch diese Fragen zu besprechen und zu beantworten, ob diese Übung als Methodik beispielsweise als Handbuch einen Mehrwert bringen könnte.

Im Weiteren wurden zusätzliche Fragen dargestellt und um die erhaltenen Antworten ergänzt.

Ergebnis dieser Werkstunde war, dass viele Mitarbeiter den Sinn des Unternehmens als inspirierend empfinden und sich davon im Alltag gut begleitet fühlen.

Übung Nr. 1: Fragen zur Selbstreflexion

Aufgaben:

1) Nimm Dir dafür an einem ruhigen, ungestörten Ort mindestens 30 min Zeit.
2) Überlege folgende Frage: Was hat meine persönliche Sinnfindung mit dem Sinn/Leitbild des Unternehmens gemeinsam?

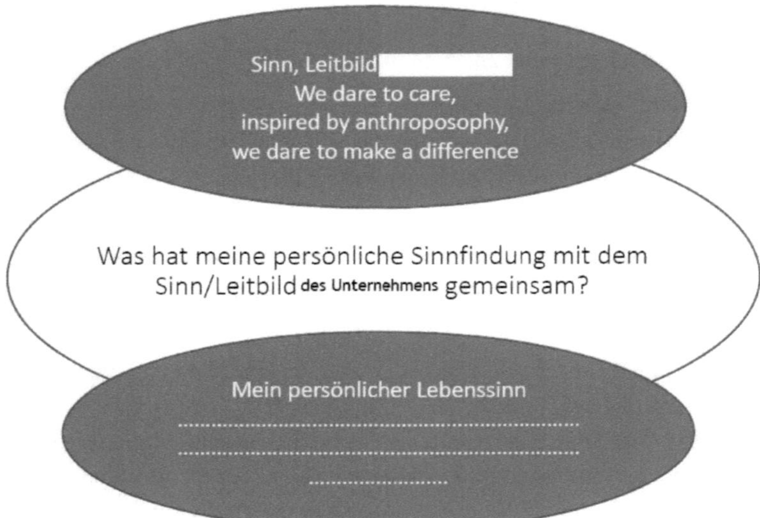

Feedback zur Übung Nr.1: Fragen zur Selbstreflexion

Feedback der Werkstunde zur Übung 1. Findest Du diese Übung Sinnvoll? Würden diese Fragen Dir in Deinem Berufsalltag helfen, Dich mit dem „Purpose des Unternehmens" zu verbinden?

1) Nein, denn in schwierigen Situationen / an "schwierigen" Tagen fehlen konkrete Handlungsempfehlungen

2) Ja, müsste aber viel zeitintensiver behandelt werden

3) Ja

4) Ja, hilft aber nur wenn alle Kollegen und Vorgesetzten im Berufsumfeld so denken

5) Ist spannend, mal darüber nachzudenken. Konkret gibt es im Alltag Aufgaben, die man machen muss. Man hat Stress und denkt nicht an den Sinn.

6) Sinnvoll: Aktiviert den Sinn wieder

7) Nicht für Gruppen, max. 2 Personen

Übung Nr. 2: Methode für Teambildung

Aufgabe: Jedes Team hat unterschiedliche Aufgaben, Vorgehensweisen und Arten der Zusammenarbeit im Unternehmen. Nehmt euch mit eurem Team mindestens eine Stunde Zeit und besprecht gemeinsam:

1) Was bedeutet es konkret für unser Handeln, wenn wir darüber nachdenken „We dare to care. Inspired by anthroposophy, we dare to make a difference"?

2) Wo handeln wir schon jetzt nach diesem Sinn?

3) Worauf möchten wir uns als Team in den nächsten 1-3 Monaten besonders fokussieren, um kontinuierlich mehr in Verbindung mit dem Sinn des Unternehmens zu gelangen?

Feedback zur Übung Nr.2: Methode für Teambildung

Feedback der Werkstunde zur Übung 2: Findest Du diese Übung Sinnvoll? Würden diese Fragen Dir in Deinem Berufsalltag helfen, Dich mit dem „Purpose des Unternehmens" zu verbinden?

1) Sinnvoll: Punkte vor Augen geführt, die in meiner täglichen Arbeit mit dem Sinn in Berührung stehen. Allerdings ist diese Berührungsfläche noch sehr klein. Schwierig weitere Punkte auszuarbeiten

2) Ja

3) Ja, müsste sich aber über alle Führungsebenen durchziehen

4) Übung ist sinnvoll. Frage war zu Beginn nicht leicht. Erinnerung an Nataliyas Vortrag hat geholfen. Dann hat es geholfen mich im Alltag mit dem Sinn zu verbinden.

5) ja, ist sinnvoll. In der täglichen Arbeit ist es durch Zeitdruck/ Stress schwierig, sich den eigentlichen Sinn vor Augen zu halten. So wird der Purpose ins Bewusstsein gerufen.

6) Ja, wenn weiterführend

Übung Nr. 3: Sinn (Purpose) erkennbar/erlebbar machen

Aufgabe: Besprechen Sie im Team oder mit ihren Kollegen:

Wie können Außenstehende bemerken, dass wir den Sinn (Purpose) in unserem Unternehmen integriert haben und nach ihm richtig leben?

Hilfsfragen:

- Was erleben Außenstehende bei uns auf dem Gelände, in Gebäuden und Büros (Atmosphäre)? Was erleben sie NICHT?

- Bemerken ihn Außenstehende an unseren Produkten und Dienstleistungen?

- Können ihn Außenstehende anhand unserer unternehmerischen Handlungen wahrnehmen?

- Wie nehmen Außenstehende unsere Haltungen und den Umgang miteinander im Unternehmen wahr?

Feedback zur Übung Nr.3: Sinn (Purpose) erkennbar/erlebbar machen

Feedback der Werkstunde zur Übung 3. Findest Du diese Übung Sinnvoll? Würden diese Fragen Dir in Deinem Berufsalltag helfen, Dich mit dem „Purpose des Unternehmens" zu verbinden?

1) Ja, weil man sich nochmal bestätigt fühlt, warum man hier arbeitet und es weiter motiviert, nochmal Unterstützung von dem Unternehmen hat. Man fühlt Verbundenheit zum Unternehmen. Man möchte unsere Stärke nach außen bringen

2) Es ist auf jeden Fall gut in Gedanken darüber nachzudenken und sich Verbesserungen zu überlegen und den aktuellen Ist-Zustand zu sehen

3) Ja, die Übung empfinde ich als sinnvoll. Vorschlag: solche Übung als Bestandteil z.B. des Jour Fixe zu machen. Rotierende Verantwortung ins Team geben, nicht nur an den Führungskräften aufhängen

4) Dass Außenstehende den Sinn des Unternehmens sehen wäre wichtig: hilft in verschiedenen Momenten bei der Arbeit darüber nachzudenken, die Unternehmenswerte zu leben. Teilweise sinnvoll, teils schwierig

5) Ja, Fragen sind hilfreich. Visualisieren verschiedener Winkel der Wahrnehmung

6) Gute Fragen, könnten auf individuale Abteilungen angepasst werden

Übung Nr. 4: Methodik für Mitarbeiter Gespräche

Aufgabe: Besprechen Sie mit ihren Mitarbeitern:

Hilfsfragen:

- Was sind meine aktuellen Aufgaben oder Tätigkeiten? Erfülle ich sie und diene ich mit meinem Tun dem Sinn? Sehe ich mich im Gesamtzusammenhang sinnvoll eingebunden?

- Wenn ich mich mit dem Sinn des Unternehmens vollkommen verbinde, wie übe ich meine Tätigkeiten aus? (möglichst konkret beschreiben oder vorstellen) Ist mir bewusst, dass ich mit meinem Handeln Einfluss auf die Zukunft nehme?

- Wenn ich mich mit dem Sinn des Unternehmens vollkommen verbinde, was soll ich definitiv nicht tun? was sollte ich anderes/besser machen?

- Wähle eine Aufgabe oder Tätigkeit aus, die Du nächste Woche besonders achtsam in Verbindung mit dem Sinn des Unternehmens erledigen wirst. Frage Dich danach, ob es für alle Beteiligten zufriedenstellend war und nach dem Sinn gerichtet war.

Feedback zur Übung Nr.3: Methodik für Mitarbeiter Gespräche

Feedback von Werkstunden zur Übung 4. Findest Du diese Übung Sinnvoll? Würden diese Fragen Dir in Deinem Berufsalltag helfen, Dich mit dem „Purpose des Unternehmens" zu verbinden?

1) Perspektiv Wechsel durch Gesprächspartner

2) Aktuelle Aufgaben und Tätigkeiten im Team in Bezug auf Purpose/Sinn zu besprechen hilft, die eigenen Aufgaben in einem Unternehmen in Bezug auf Sinn zu transformieren

3) Die Übung ist Klasse!

4) Die Punkte 1 und 2 sind sehr hilfreich, eben Punkt 4, Punkt 3 ist sehr abstrakt

5) Ja, aber Hierarchie Strukturen hemmen in der Umsetzung. Kollegiale Führung Vertrauen ist Voraussetzung für Purpose im Alltag zu sehen.

6) Ja, Blick auf praktisches + Selbstreflektion + Sinnfindung. Neue (andere) Bewertung der alltäglichen Aufgaben.

7) Ja, aber: Konkrete Beispiele

8) Für GMP bezogenes Arbeiten weniger sinnvoll, da strikte Vorgaben. Für z.B. Marketing gut anwendbar

Allgemeines Feedback zu den eingesetzten Tools:

Welche weiteren Tools und Werkzeuge würdest Du Dir wünschen? Feedback von Werkstunden

1) Mehr Information nach außen

2) Mehr Unterstützung bei Arbeit mit diesen Fragen

3) Sinn in den einzelnen Abteilungen und das Wesen des Unternehmens bewusst machen

4) Mehr Kontakt/Verbindung zwischen Bereichen (Herstellung + Marketing + QK + Vertrieb + Zulassung)

5) wie stellen wir das innere für die Außenwelt dar.

6) Durch Gespräche der Purpose öfter in Gedächtnis rufen. Was bedeutet Anthroposophie Konkret im Arbeitsalltag-Handlungsempfehlungen für Gespräche

7) Die Purpose Karte an jeden Mitarbeiter austeilen, damit er präsenter ist. Mehr gemeinsame Arbeit in interdisziplinären Teams. Die Fragen für alle sichtbar machen, damit die Impulse wirken können (z.B. Poster, Intranet, etc.)

8) Mehr Info über das Unternehmen, Geschichte, Steiner

9) Strukturen straffen für positives Arbeiten (Motivation von innen)

10) Das das innen Bild zu dem äußeren Bild passt- wie kann es umgesetzt werden? Regelmäßiges wiederholen. Eine Art WEP öfters, damit man sich besser Identifizieren kann. Mitarbeiter besser für freiverkäufliche Arzneimittel schulen, damit es besser nach außen getragen werden kann.

11) gemeinsames Kunstwerk im Foyer: Malen, Schreiben, Plastinieren

12) Einbinden in den Alltag, Raum im Meeting.

13) Zusammenfassung von erarbeiteten Themen (Ideenkatalog)

14) Leitfaden: Erinnerung z.B. als Poster an der Bürotür

15) Gemeinsame treffen und Gespräche mit Kollegen, Vorgesetzten oder Personen, die über bestimmte "wichtige Themen" sprechen können, z.B. Workshop oder Werkstunde

16) Führungsseminare, Coaching, Ziele, konsequent Umsetzung Sorgenfresser

17) mehr Info zur Anthroposophie (Coaching). Gelegenheit zu Übungen Selbstreflektion+ Sinnfindung.

18) Möglichkeiten zur Hinterfragung der Sinnfindung

19) Mehr Angebote für Mitarbeiter anbieten um etwas zu reflektieren

20) Purpose in greifbare Gedanken für das tägliche Tun "runterbrechen"

21) Teilnahme an der Werkstunde, Vorträge, Anlässe

22) Regelmäßig geleitete Reflektion im Team

23) Brand Building Modelle einsetzen

24) Mit Arbeiter Bienen muss mehr über Purpose gesprochen werden

25) Weitere Workshops in kleinen Gruppen

Anhang 2. Zusammenfassung Führungsverhalten und -kompetenzen

Zusammenfassung unterschiedlicher Eigenschaften, die in der Literatur beschrieben werden und die Ausarbeitung von wichtigen Führungsverhalten und -kompetenzen daraus (eigene Ausarbeitung).

Imr	In welchen Bereich des TOP-Organisationsmodelles passt diese Aussage	Verhalten und Kompetenzen
Nicht nur das Denken, sondern auch das Fühlen ist wichtig: die Menschen so wahrzunehmen wie sie in ihrer Persönlichkeit sind.[144]	Person	Fühlen Empathie
Die Führungskraft soll als Vorbild wirken: die Mitarbeiter sollen das Engagement der Führungskraft spüren.[145]	Person	Vorbild Authentizität
Führung braucht Eigenschaften wie Humor und Verspieltheit, Kreativität und Belastbarkeit und die Fähigkeit Werte und Sinn zu leben.[146]	Person	Authentizität Humor Kreativität
Sei flexibel: unser Sinn kann sich in unterschiedlichen Lebenssituationen unterschiedlich äußern. Passe es deinen Umständen an und sei flexibel.[147]	Person	Flexibilität
Hab einen Sinn für alle Bereiche Deines Lebens: lebe und wähle nach dem Sinn zu leben nicht nur auf einen einzigen Bereich. Versuche deinen Sinn in unterschiedlichen Bereichen zu leben.[148]	Person	Eigene Sinnfindung
Beschäftige Dich mit dem, was für Dich wichtig ist: Finde heraus, was Dich beschäftigt und was deinem Leben Energie gibt, was macht Dich glücklich, höre auf die Momente, die Dir sagen, dass da etwas Tieferes ist.[149]	Person	Eigene Sinnfindung

---

[144] (Kobi, 2008)

[145] (Kobi, 2008)

[146] (Ulrich, 2010)

[147] (Cashman, 2017)

[148] (Cashman, 2017)

[149] (Cashman, 2017)

Imr	In welchen Bereich des TOP-Organisationsmodelles passt diese Aussage	Verhalten und Kompetenzen
Die Manager haben ein klares Verständnis für den Sinn des Unternehmens und für den Ziel der Organisation.[150]	Person/Organisation	Klares Verständnis des Sinns des Unternehmens
Sie vertrauen den Mitarbeitenden und deren Fähigkeit die Ergebnisse zu zeigen.[151]	Person	Vertrauen
Führung ist ein ständiges Lernen: Impulse geben, Feedback erhalten, die Situation reflektieren und erneut lernen.[152]	Person	Ständiges Lernen Fehlerkultur
Führung erfordert hohe Selbstreflexion, Lust auf Herausforderungen und die Möglichkeit den Problemen entgegenzukommen.[153]	Person	Selbstreflexion Mut
Agiere „nach dem Sinn": Richte deine Handlungen und Aktivitäten auf den Sinn, den Du gefunden hast.[154]	Person	Authentizität
Fokussiere das Dienen: Sinn ist nicht Sinn, ohne anderen zu dienen, fokussiere Dich an dein Geschenk mit anderen zu teilen.[155]	Person/Organisation	Dienen
Lerne aus dem „Versagen": Lerne aus allen Momenten deines Daseins, auch aus den Fehlern und Versagen, die Du gemacht hast.[156]	Person	Ständiges Lernen Fehlerkultur
Irre dich nicht auf dem Weg zu dem Ziel: sei sicher, dass Du die Meinungen oder Ziele von anderen nicht adaptierst, sei vorsichtig mit Programmen, die deine Meinung beeinflussen. Finde dein eigenes Geschenk.[157]	Person	Authentizität

---

[150] (Pascarella & Frohman, 1989)

[151] (Pascarella & Frohman, 1989)

[152] (Kobi, 2008)

[153] (Ulrich, 2010)

[154] (Cashman, 2017)

[155] (Cashman, 2017)

[156] (Cashman, 2017)

[157] (Cashman, 2017)

Imr	In welchen Bereich des TOP-Organisationsmodelles passt diese Aussage	Verhalten und Kompetenzen
eine „Purpose-Driven" Kultur in deren Team kreieren können nach dem Sinn ausrichten.[158]	Team	Nach dem Sinn ausrichten
Führung soll in ihrem täglichen Tun den Sinn zeigen und widerspiegeln und nicht nur selbst authentisch sein, aber auch den anderen helfen, Authentizität zu entwickeln.[159]	Person	Authentizität und Vorbild Unterstützung von Authentizität der Mitarbeiter
die Mitarbeiter sollen ihre Verantwortung für das Erleben dieser Werte selber spüren.[160]	Person	Gefühl von Verantwortung erwecken
Die Führungskraft soll den Mitarbeiter unterstützen die Werte zu artikulieren und eigene Pläne zu entwickeln, wie diese Werte gelebt werden können.[161]	Person	Unterstützung im Erleben von Werten und Sinn
Die Führungskraft soll Leidenschaft zeigen und zu dem, was das Unternehmen leistet, stehen.[162]	Person/Organisation	Stolz und Verbindung mit dem Unternehmen
Sie haben eine dialogische Kommunikationsstärke, sind sowohl gute Kommunikatoren als auch gute Zuhörer.[163]	Person	Kommunikation Achtsames Zuhören
Sie liefern Ergebnisse, können effizient nachverfolgen, messen und führen Menschen, und nicht Nummern.[164]	Person	Effizient Menschen in Mittelpunkt der Führung

---

[158] (Canwell & Tony)

[159] (Duncan, 2019)

[160] (Duncan, 2019)

[161] (Duncan, 2019)

[162] (Duncan, 2019)

[163] (Pascarella & Frohman, 1989)

[164] (Pascarella & Frohman, 1989)

Imr	In welchen Bereich des TOP-Organisationsmodelles passt diese Aussage	Verhalten und Kompetenzen
Sie haben eine höhere Erfolgserwartungen für sich selber und andere; sie wissen, dass Personen motiviert sein können, um höhere Ziele zu erreichen, und wissen, dass Mitarbeiter gern Einfluss auf eigene Ziele haben wollen.[165]	Person	Hohe Erfolgserwartungen Motivierender Führungsstil Eigene Verantwortlichkeit unterstützen
Stärken und motivieren Mitarbeiter mit einem übergreifenden Sinn des Unternehmens, das mit den eigenen Werten der Mitarbeitenden in Einklang gebracht wird, was zusätzlich die Kreativität und Motivation fordert.[166]	Person	Unterstützung in dem Erleben den Werten und Sinn
Sie sind bereit ihren Führungsstil anzupassen, je nach Bedarf und Situation.[167]	Person	Anpassung der Führungsstill je nach bedarf
Findung eines gemeinsamen Team-Sinnes: Sinn für ein Team zu haben, kann eine sehr energetisierende Gelegenheit sein. Wenn Du ihn für Dich gefunden hast, beschäftige Dich mit Deinem Team mit den Fragen: Was ist der Sinn unserer Zusammenarbeit? Was unterscheidet unsere Gruppe von anderen? Welchen größeren Einfluss haben wir oder was geben wir der Welt zurück? Verbinde Deinen inneren Sinn mit der größeren Mission für Dein Team. Wie kann Dein eigener Sinn unser Team beeinflussen?[168]	Team	Gemeinsamen Sinn finden
Sie können gut in der Gruppe arbeiten und zwischen den Beteiligten menschliche Beziehungen gestalten und verwenden dies oft für die eigenen Teams, um diese nach einem Sinn zu führen.[169]	Team	Menschliche Beziehungen gestalten nach dem Sinn führen

---

[165] (Pascarella & Frohman, 1989)

[166] (Canwell & Tony)

[167] (Pascarella & Frohman, 1989)

[168] (Cashman, 2017)

[169] (Pascarella & Frohman, 1989)

Imr	In welchen Bereich des TOP-Organisationsmodelles passt diese Aussage	Verhalten und Kompetenzen
Sie können Kultur und Situation gut abschätzen und diese entsprechend an ihren eigenen Führungsstil anpassen.[170]	Person	Kultur verstehen Flexibilität
Um die Geschäftsleistung optimal nutzen zu können, müssen persönliche, teambezogene und organisatorische Ziele aufeinander abgestimmt werden.[171]	Organisation	Sinn in persönliche, Teambezogene und organisatorische Ziele mit einbeziehen
Sinn wird klar vom mittleren Management an die Mitarbeiter kommuniziert.[172]	Person	Kommunikation
Sinn wird in operative und strategische Entscheidungen eingebunden.[173]	Organisation	Sinn wird in operative und strategische Entscheidungen eingebunden
Das Management hat eine klare Vorstellung über Ziele und Maßnahmen, die mit dem Purpose verbunden sind.[174]		Klare Visionen und Vorstellungen über Ziele und Maßnahmen, die mit dem Sinn verbunden sind

---

[170] (Pascarella & Frohman, 1989)

[171] (Korn Ferry Institute, 2016)

[172] (Gartenberg, Prat, & Serafeim, 2018)

[173] (Gartenberg, Prat, & Serafeim, 2018)

[174] (Gartenberg, Prat, & Serafeim, 2018)